달이 즈믄 바람에

청파 신광렬 평전

신상성 지음

한국문학신문

신 상 성 申相星
writer119@naver.com

소설가, 문학박사, 동국대 국문학과 및 동 대학원 졸업.
[동아일보] 신춘문예 '회귀선' 소설당선(1979). [풀과 별] 서정주, 신석정 추천 시 등단(1974).
서울문예디지털대학 및 피지(FIJI)수바외대 설립자겸 초대총장.
(사)한중문예콘텐츠협회이사장, 한반도문학발행인, 문학신문논설실장,
대한언론인회원, 문예운동, 조선문학, 창조문학 등 편집위원, 용인대 명예교수.
중국 낙양외대, 천진외대 석좌교수 등.

수　상 : 홍조국가교육훈장, 국가유공자(월남전), 경기도문화상(제15회),
　　　　　한국펜클럽문학상(제16회), 동국문학상(제10회), 한국문학상(제55회),
　　　　　중국 장백산문학상(제1회), 청마문학연구상(제15회)등
소설집 : 목불, 처용의 웃음소리, 목숨의 끝, 인도향 등.
평론집 : 한국소설사의 재인식, 한국통일문학사, 북한소설의 이해 등.
수필집 : 나 아닌 나, 내일은 내일의 바람이, 시간도 머물다 넘는 고갯길 등
시　집 : 당신의 눈을 들여다보면 등
해외번역소설집 : 회귀선 등 저서 약50여권

달이 즈믄 바람에

청파 신광렬 평전

신상성 지음

| 들어가면서

「달이즈믄바람에」는 한의사 독립투사 신광렬青城의 실화를 바탕으로 한 스토리 텔링이다. 그가 남긴 『월남유서』(1959년)는 한국독립운동사에서 살아 있는 한의사로서 역사이며 현장이다. 파란만장한 그의 파노라마는 극적인 영화 장면이다.

1930년 3월 북간도 용정의 '3.1절 11주년 항일시위' 사건의 주동자였던 신광렬은 용두레 우물가 선구자 중 한 사람이다. 그는 6대에 걸친 한의사 가계로서 항일 무장투쟁 독립운동에 열혈적으로 뛰어든다. 결국 일제에 체포되어 수형번호 '1679호'를 가슴에 달고 서대문 형무소에서 갇혀 갖은 고난에 시달린다.

그의 일가족 모두가 독립운동에 가담하여 평생 고통과 탄압을 당했다. 신광렬의 둘째 삼촌은 항일 무장투쟁 한국독립군 대진단 단장으로 활약하였고, 셋째 삼촌은 일제 헌병대에 체포되어 압록강에 강제 수장되는 등 국가와 민족을 위해 헌신한 보기드문 한의사 가문이다.

특히 올해 2023년은 한국독립운동사 3대 전투의 하나인 '대전자령전투' 90주년이 된다. 1920년대 홍범도의 봉오동전투, 김좌진의 청산리전투에 이어 1933년 지청천의 대전자령전투이다. 둘째 삼촌 신홍균(이명 : 신흘申屹, 신굴申屈)이 참여한 대전자령전투는 한중연합군 소규모 병력이 일본군 1개 연대를 함몰시켜 세계전쟁사에 특이하게 기록되고 있다.

한의사 군의관으로서 신홍균은 두 번에 걸쳐 결정적인 공헌을 하게 된다. 첫째는 대전자령전투 당시 폭우 속에서 3일간이나 굶주림에 시달렸던 독립군들에게 목이버섯(검은버섯)을 발견해내어 획기적인 식량조달을 하게 된 것이다.

허기에 지쳐 방아쇠를 당길 힘도 없었던 독립군들에게 충천하는 사기를 극적으로 부활시킨 것이다. 자칫 실패할 수도 있는 주요작전에 임박하여 결정적인 식량지원이었다. 둘째는 지청천장군이 중국 길림구국군에게 감금되어 총살 위기에 닥쳤을 때 극적으로 구출했던 사건들이다.

신광렬은 또한 해방공간 전후, 자유를 찾아 월남하여 민초 한의

| 들어가면서

사로서 사회적 공헌을 한다. 양·한방을 모두 수학한 선생은 6.25 직후 의사가 없는 무의촌 지방만 돌면서 의료봉사를 했다. 약 10년간 17회나 온 가족이 함께 1년에 두 번씩 40리마다 이사를 다니며 가난하고 아픈 가정을 돌보았다.

우리는 신광렬의 '월남유서'와 그의 일생을 통해서 국가가 존망의 위기에 처했을 때 우리는 어떻게 존재해야 하는가? 하는 또 하나의 철학적 거울을 들여다보게 되는 것이다. 특히 일제강점기 우리 한의사들이 어떻게 목숨 걸고 헌신해 왔는가? 하는 역사의 기왓장을 다시 들추어냄으로써 우리 후손들에게 손거울을 하나씩 쥐여주는 것이다.

이제까지 한의사들의 목숨 건 항일무장 투쟁 독립운동은 별로 알려지지 않았다. 여기에 신민식 잠실자생한방병원 원장은 중국의 항일전쟁 역사현장과 일본 육군성 특별도서관 등을 찾아 한의사 독립유공자들의 역사적 흔적을 찾아 오늘도 뛰고 있다. 선배 한의사들의 노고와 헌신이 헛되지 않도록 지속적으로 발굴하며 논문을 쓰고 있다.

또한 신준식은 평산 신씨申氏 제7대 한의사로서 아버지 신광렬의 '긍휼지심'矜恤之心 유지를 받들어 친동생 신민식과 함께 오늘도 고단한 환자들을 보살피고 있다. 동시에 독립유공자 한의사 유가족이나 6.25 참전 후손들을 위해 장학사업도 매년 실시하고 있다.

특히 '자생의료재단'을 개설하여 한의학 전통 가업비방 '신바로' 성분이 있는 청파전을 개발했다. 독특한 'MSAT 치료법'과 '추나요법'은 미 국방부건강국(DHA), 워싱턴의사협회 보수교육 프로그램으로 선정되는 등 현재 글로벌 K-한의학으로 표준화 되어 세계적으로 보급되고 있다.

신광렬의 일대기를 다시 더듬어 보면서 우리 한의사들의 특별한 민족적 공헌과 'K-한의학'의 세계적 한류 보급을 또한 기원해 보는 계기가 되었으면하는 바램이다.

들어가면서

+ 청파靑坡 신광렬申光烈 한의사 독립투사 (1903~1980)

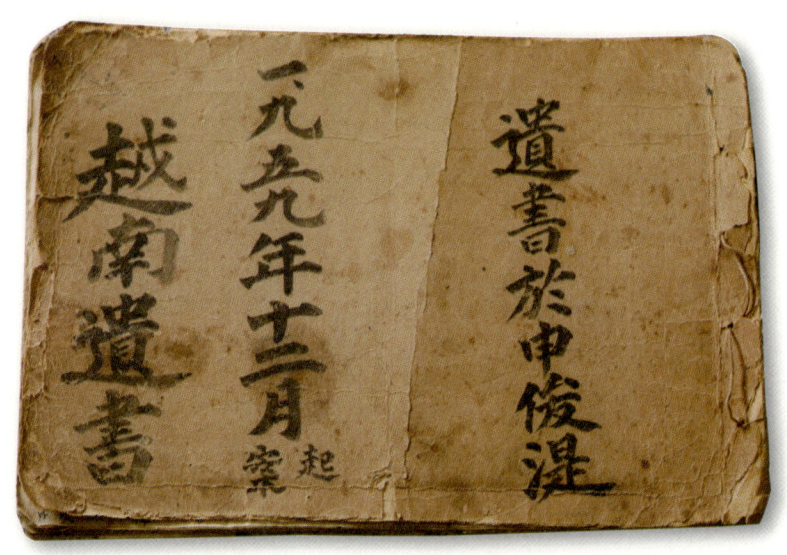

+ 청파 신광렬의 '월남유서' : 1959년 12월 유서를 신준식[7세]에게

청파 신광렬이 1959년 57세 나이에 7살 아들을 남기고 목숨을 끊으려고 쓴 유서이다.

해방 후 신익희씨 정치공작대 활동으로 북한에서 활동 중 보위부에 걸려 탈출한 뒤 북한 가족들이 고문당하고 죽었다는 얘기를 듣고 쓴 것이다.

유서에는 본인 집만의 독립운동 내용이 적혀져 있다.

Contents 차례

제 1 부

1. 달이즈믄바람에 ... 16
2. 용두레 우물가 밤 새소리 ... 24
3. 네가 훔친 내별 ... 46
4. 북만주에 떨어진 북두칠성 ... 60
5. 청파의 수형번호 1679호 ... 78
6. 대전자령전투 대승첩 ... 100
7. 독립군들 목숨 살린 검정귀버섯 ... 112
8. 지청천장군 총살위기 ... 130
9. 청파의 왕진가방과 짐자전거 ... 146

제 2 부

10. '월남유서' 영혼의 바다   **164**

11. 네 안에 내가 있고   **182**

12. 바가지 침술 도제훈련   **198**

13. 달동네 그믐달 그림자   **210**

14. 폭주하는 아시아의 시간   **218**

15. DMZ 철조망에 걸린 태극기   **242**

16. 하이에나의 역사공간   **252**

17. 자생의료재단의 '긍휼사상'   **272**

18. 내가 심연을 보고 있으면   **286**

01

⋮

1. 달이즈믄바람에
2. 용두레 우물가에 밤 새소리
3. 네가 훔친 내 별
4. 북만주에 떨어진 북두칠성
5. 청파의 수형번호 1679호
6. 대전자령전투 대승첩
7. 독립군들 목숨 살린 검정귀버섯
8. 지청천장군 총살위기
9. 청파의 왕진가방과 짐자전거

달이즈믄바람에

1. 달이즈믄바람에

준은 산소호흡기를 정성스럽게 다시 소독한 후 아버지의 코에 씌워드렸다. 고통스러운지 잠시 이마에 주름이 잡혔다. 뼈만 남은 아버지의 다리를 주물렀다. 그러자 아버지는 고개를 한번 쳐들더니 곧 다시 죽은 듯이 깊은 잠에 빠져들었다.

준은 아버지의 체온이 고스란히 남아있는 '월남유서越南遺書를 서랍에서 다시 꺼내어 창가로 갔다. 그동안 몇 번 통독했으나 '아버지의 마지막 이 세상시간'이 얼마 남지 않아 집게손가락으로 짚어가며 다시 꼼꼼히 새겨보는 것이다. 한때 한의사이며 열렬한 독립투사의 한 생이 이렇게 쉽게 마감되는 것인가.

아버지青坡의 피 끓는 청춘은 만주 항일투사 시간으로 점령되어 피멍이 점철되어 있다. 북만주 용정시의 제3차 대형항일운동 주모자로 서대문형무소에서 불령선인 독립투사 한의사 수형번호 1679번을 달고 갖은 고문과 옥살이를 당했다.

둘째 할아버지 신홍균은 대전자령전투에서 한의사 군의관으로 참전하였다. '대전자령전투'는 한국독립운동사에서 3대 항일무장 독립전쟁이다. 막내 할아버지 신동균은 가족이 보는 앞에서 무자비하게 참살당하여 압록강까지 끌려가 수장되기도 했다. 할아버지 두 분과 아버지 신광렬 등 일가족 세 명 모두가 독립투사들이다.

　1911년 아버지는 9살 때 삼촌을 따라 만주 장백현으로 가족 모두가 망명하신 것이다. 이때부터 북두칠성 운명이 반전된다. 북청의 부유한 한의사 전통가문인 준의 집안이 북만주 항일 무장투쟁 망명으로 돌변한 것이다.

　준이 새삼 소중하게 읽고 있는 '월남유서'는 아버지 '청파'靑坡의 영혼이며 생명체이다. 단순한 개인유서가 아니고 한 시대의 살아있는 역사이며 증언이다. 특히 작은 할아버지가 한의사 군의관으로서 한 '대전자령전투'에 참전한 업적은 아직도 우리에게 별로 알려지지 않은 사실이다.

　아버님은 자결을 결심하고 이 책을 썼다. 몇 장짜리 일반유서가 아니라, 한 권의 책으로서 손수 펜으로 꼬박꼬박 눌러쓴 저술이다. 눌러쓴 글자 글자 자국마다 아버지의 한 많은 생애의 핏물이 스며 있다.

　선대 대대로의 가업인 한의사로서 준의 형제에게 마지막 남겨주기 위한 유서인 '월남유서'에는 당신의 간추린 생애와 함께 '청파험방요결'에는 한의사 6대에 걸친 가전비방 등이 정리되어 있다. 고통과 혼란 속에서 급히 쓰시느라 월남유서 펜글씨 초간본은 친자식인 준이 읽어보기에도 글씨를 알아볼 수 없을 정도로 열악했다.

그러나 초간본을 쓰신지 약 10년 후에 다시 재정리 보완하여 탈고하신 1969년도 재간본은 초간본에 비해 안정적이고 깨끗하다. 붓글씨로 정성들여 한 자 한 자 썼기 때문이다. 지금 준은 일부러 초간본을 읽고 있다. 자결을 결심하고 유서를 쓸 당시 아버님의 참담한 심정에 동참하고 돌아보기 위해서이다.

아! 아버지는 척추질환으로 고생하신 지 벌써 6년째이다. 당신이 몸으로 체험한 척추질환 완치방법을 유언으로 남기셨다. '인간 생명의 근간이 되는 척추질환에 대한 치료법을 한방으로 완성해 보거라' 이 한마디가 오늘날 자생한방병원의 설립철학이 되었으며 'K- 자생추나요법'이 미국 하버드대학, 미국 미시간주립대학교 오스테오페틱 의과대학, 러시 의과대학 등에서 초청강연으로 글로벌 한방치료 요법으로 표준화되었다.

아버지 자신이 양방, 한방 양쪽의 지식을 가진 양의사, 한의사로서 6대째 전수되어온 한의학 가업이어서 의학적 신체 구조와 과학적 처치법을 잘 알고 있었다. 특히 아버지는 6년 동안 자기 자신을 생물학적 임상실험 대상으로 하여 '척추질환'에 관한 의사이자 환자로서 양쪽 현장과 경험을 준하고 같이 나누셨다.

한의학의 독특한 기氣의 장단과 강약의 흐름을 당신의 몸 자체에서 실체적 데이터 경험을 남긴 것이다. 또한 준은 이 데이터를 바탕으로 수 많은 척추질환 환자들의 임상을 통해서 지속적으로 업그레이드해 왔다. 제7대 약 200년 평산 신씨 한의사 가문의 한방 비법을 재탄생 시켜 특허물질인 '신바로메틴'이 함유된 청파전을 탄생시켰다.

자필『월남유서』와 가전비방『청파험방요결』은 일반 인쇄물로는 정식 출판된 것은 아니다. 물려받은 두 권의 책에는 개인사적인 것만이 아니라, 의사로서 어떻게 살아야 하는가, 하는 아버지 '청파의 철학'이 담겨있다. 청파 철학의 핵심은 '긍휼지심'矜恤之心이다.(불쌍한 사람을 보면 반드시 구제해 주어야 한다) 사실 이 사상이 오늘날 준의 자생의료재단을 만든 철학이기도 하다.

'월남유서'에서 가장 안타까운 구절이며 이 유서를 쓰게 된 이유를 다음에서 읽어본다.

'정치공작대 함경남도 책임 위원으로 북한에서 반공 활동하다가 북한 보위부에 걸려 월남한 나로 인해서 이북의 부모님과 자녀들이 너무나 비극적으로 끝났다. 얼마나 심한 고문과 고통 그리고 나에 대한 원망 속에서 생을 마감했을까? 특히 남한의 나를 만나기 위해 서울 돈암동까지 왔다가 그냥 돌아간 큰아들 생각하면 가슴이 더욱 미어터지는구나......'

이 구절에 이르러 준은 아버지의 얼굴을 다시 내려다보았다. 아버지의 눈가엔 이슬이 번쩍! 하고 반사되었다. 준은 아버지의 이슬 눈물을 손수건으로 닦아내었다. 그러나 이슬이 시냇물로 다시 넘치기 시작했다. 아, 아버지는 자는 척하고 계신 것이다. 준은 슬그머니 병원 옥상으로 올라갔다.

이럴 땐 아버지 혼자 놔두는 게 편하다. 그래야 아버지는 또 실컷 당신이 울고 싶은대로 우실 것이다. 옥상 구석에는 어머니도 이미 올라와 있었다. 어머니의 시선을 따라 올려다보니 멀리 산 너머로 쪽박새가 아지랑이를 타고 올라갔다. 아버지의 짐 자전거도 달려 올라가고 있었다. 그 큰 짐 자전거 뒤에는 내가 두 손을 높이 들고 동요를 신나게 큰 소리로 부르고 있다.

'찌르릉 찌르릉 비켜나세요 자전거가 나갑니다. 찌르르릉 저기 가는 저 영가암 꼬부랑 영가암.... 큰일납니데이' 그러면 아버지가 맞받아 역시 창 소리로 조그맣게 구슬프게 읊곤 했다.

'새야 새야 파랑새야 녹두밭에 앉지마라, 녹두꽃이 떨어지면 청포

장사 울고 간다아아' 아버지와 자전거를 타고 자주 왕진 다니던 안개 같은 모습이 오랜 기억 속에서 달아났다. 아버지는 틈만 나면 나를 불러서 산길, 들길, 풀길을 자전거 태워주셨다.

준의 어린 시절 기억은 아버지의 짐 자전거뿐이다. 갖가지 자전거 모양의 구름 그림자 모습이 산 정상 너머로 황혼빛에 쫓겨 막 사라지고 있었다.

아버지는 일제강점기 때는 독립운동한다고 옥살이하셨고, 해방 후에는 반공 활동하다가 걸려 북한의 가족들이 고문 당하고 죽었다는 소식을 듣게 되었다. 준이가 겨우 7살 때 아버지는 유서를 쓰고 자결하려고 하셨다. 돌이켜보면 아버지는 한의사로서 가문의 대를 이으면서 항일투사, 반공투사의 길을 걸으신 것 같다.

어디선가 '선구자' 노랫소리가 산 너머로 들렸다. 아, 3.1절 행사인가보다. '조국을 찾겠노라 맹세하던 선구자, 지금은 어느 곳에 거친 꿈이 깊었나….' 여기 누워 계신 아버지가 또 하나의 용두레 우물가의 '선구자'가 아닌가.

용두레 우물가
밤 새소리

2. 용두레 우물가 밤 새소리

용두레 우물가에 밤새 소리 들릴 때,
뜻깊은 용문교에 달빛 고이 비친다.
이역 하늘 바라보며 활을 쏘던 선구자,
지금은 어느 곳에 거친 꿈이 깊었나!
조국을 찾겠노라 맹세하던 선구자,
지금은 어느 곳에 거친 꿈이 깊었나!

준은 '월남유서'에서 가장 궁금했던 구절을 아버지에게 조심스럽게 물었다. 아버지의 유년시절이 제일 궁금했다.

- 아버지가 중국 만주 장백현으로 망명하신 게 몇 살 때예요?
- 1911년이니까, 내가 9살 때이지, 우리 가족 모두가 독립투사였던 둘째 삼촌을 따라서 고향 북청을 떠났제, 우리는 그곳 장백현 왕가동에서 약 10년을 살았어!
- 근데 그곳 북만주에서 아버지 막내 삼촌이 피살당했다면서요?
- 어엉? 그 얘긴 또 어디서 들었냐?
- 아버지의 월남유서에 잠깐 나오던데요?

아버지는 산소호흡기를 떼고 겨우 몸을 일으켜 앉았다. 병원 창문 쪽 하늘을 한참 응시하다가 창가에 앉았다. 어차피 죽기 전에 한 번쯤 가족들에게 남겨주어야 할 내용이기도 하다.

- 그때 내가 18살 때쯤이었어, 새벽에 일본 헌병대가 우리 집을 급습한 거야, 할아버지 제삿날이어서 둘째 삼촌이 우리 집으로 몰래 들어왔거덩

창문가로 가서 북쪽 고향하늘을 또 한참 응시했다. 이제 아버지도 77세이다. 결국 당시 현장 사건을 영화 필름 돌아가듯 아버지는 다음과 같이 천천히 이어갔다. 북만주 현장 이야기이다.

- 형수요.... 형수씨요....

둘째 삼촌이 작은 목소리로 어머니를 찾았다. 어머니는 그 낯익은 목소리만으로도 시동생임을 진작 알고 있었다. 쪽방 문을 가만히 밀고 아궁이(부엌)로 내려갔다. 반딧불 하나 없는 어둠 속에서 사나이 서너 명에게 밥상을 익숙하게 차려주었다. 이런 일이 어디 한두 번인가.

그들은 아궁이 흙바닥에 앉은 채 손가락으로 밥을 퍼먹었다. 배고팠는지 밥을 국그릇에 팍 엎었다. 씹지도 않고 손으로 그냥 쓸어

+ 장백현 17도구 지역; (그전에 마을이 있었던 흔적이 남아있는 곳)

서 삼켰다. 얼마나 산속에서 굶주렸을까, 이빨로 씹을 틈도 없이 입술에 대고 단숨에 후루룩 국수 삼키듯 목구멍에 삼켰다.

물만은 특히 어머니가 용두레 우물 샘에서 늘 떠다 놓는다. 용두레 우물까지는 아주 먼 길이지만 그래도 당시 한인들은 물맛이 특별한 용두레 물을 굳이 길어와 식구들의 건강을 챙겨주었다.

흙벽돌 사이로 희미한 새벽빛을 받으며 아버지도 뒷담 창고 속에서 옥수수 등을 가져와 가마솥에 넣고 삶기 시작했다. 둘째 삼촌은 할아버지 제삿날이어서 친형이자 장남 집에 숨어든 것이다.

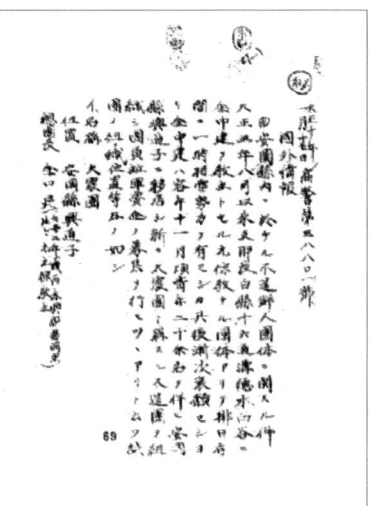

✦ 1921년 1월 일제보고 (김중건 중국 장백현 왕가동으로 이주, 대진단 독립운동)

같이 살던 막내 삼촌 역시 어떻게 낌새를 알았는지 창고 밑바닥에 파놓은 땅굴에서 나와 어머니를 도와주었다. 일제 경찰들 감시망 때문에 땅굴에 숨어서 산다. 산속에서 잡아 온 산 꿩의 털을 뽑아서 역시 가마솥에 넣었다. 할아버지 제삿날이어서 오랜만에 신영균, 홍균, 동균 삼 형제가 모였다.

목숨이 낙엽 위 이슬방울같이 떨어지는 위태로운 항일 게릴라전 속에서도 조상에 대한 제사만큼은 철저하게 지킨다. 고려 충신 신숭겸申崇謙의 33세 후손들이 초라하지만 귀한 산 꿩도 제사상 위에 올

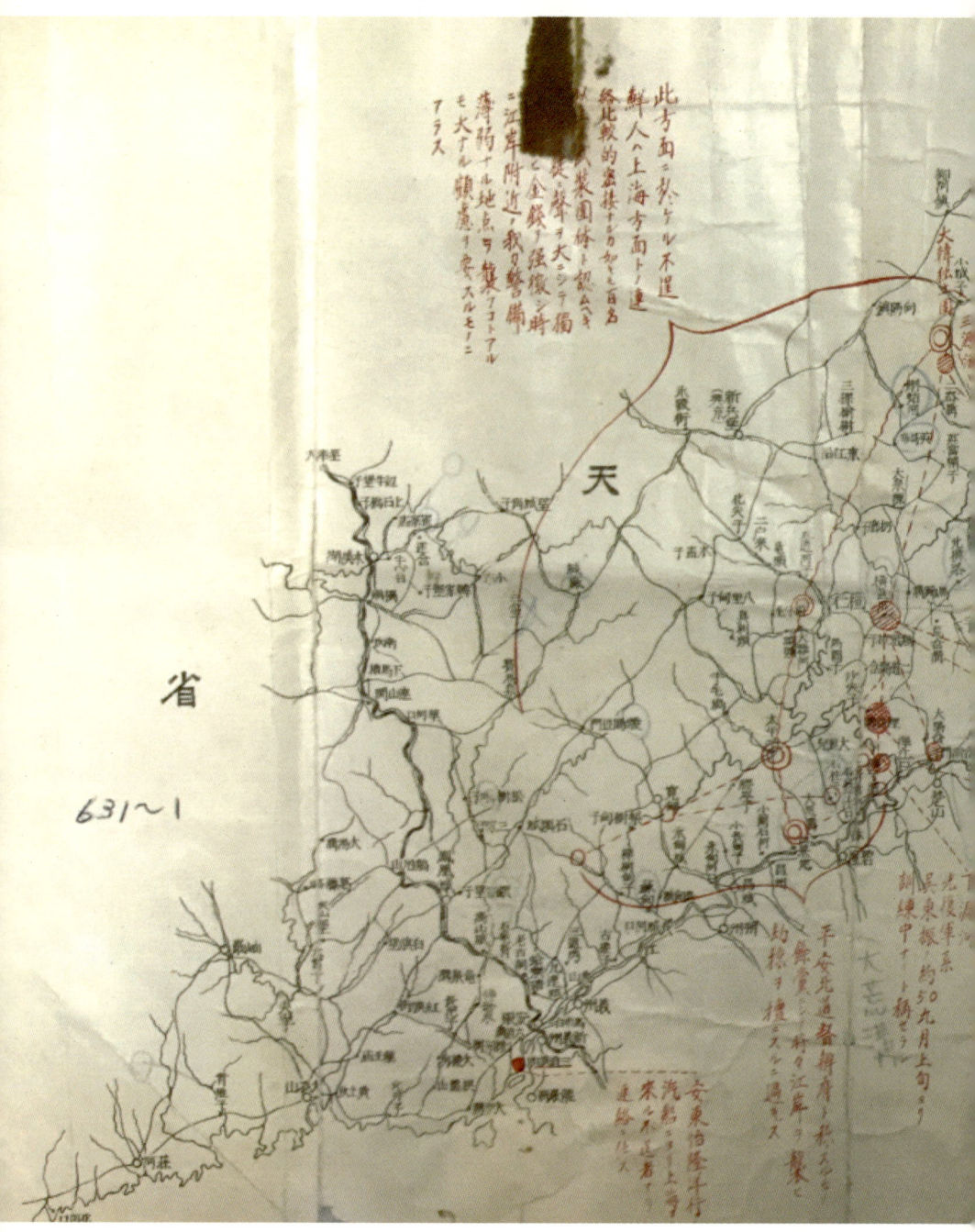

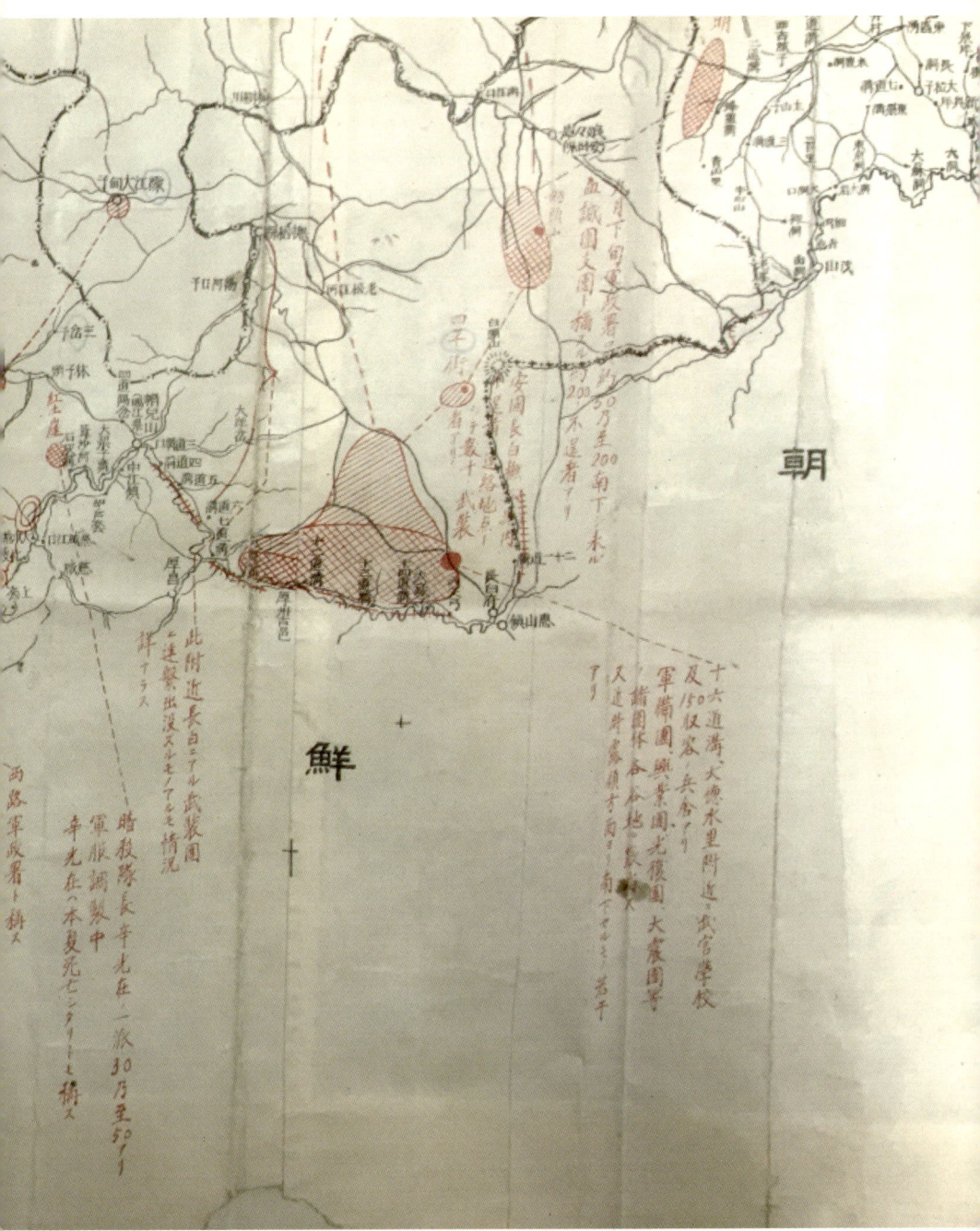

+ 헌병 문서 : 중간에 가장 큰 붉은 영역이 장백현 대진단 영역, 헌병대 토벌로 거의 전사

려놓고 큰절을 했다.

이곳 장백현 17도구 왕가동 삼포리는 북만주 백두산 서파 근처 오지 중의 오지 이어서 항일 무장단체 독립군들의 요새이며 특히 대진단의 아지트이다.

마침 폭우가 쏟아져서 다행이다. 외부가 차단되어 다소 안심이 되기 때문이다. 우리 집은 일본 간도총영사관 경찰국에 이미 찍혀 있는 불령선인不逞鮮人 집이어서 특별 감시 대상이 되어 있었다. 신홍균 둘째 삼촌이 항일 무장독립군 대진단 단장이기 때문이다.

늘 위험을 갈빗대 사이에 찔러넣고 사는 요주의 인물들이다. 총도 제사상 바로 밑에 같이 모셔 놓았다. 실탄을 미리 장전해 놓았기 때문에 여차! 하면 불꽃이 튄다. 죽음이 튄다.

1919년 경성의 유관순 3.1운동과 탑골공원 독립선언서 소식이 이곳 만주 일대에도 즉시 연계되어 독립군 단체들은 새로운 기획을 세웠다. 결국 이듬해 1920년 청산리전투, 봉오동전투 등 화산폭발 같이 연이어 터지며 승전고를 울리게 되었다. 덕분에 본토 일본 군국주의 도쿄 군사령부에서는 간도 총영사국에 군대를 몇 배로 증강시키며 극도로 긴장의 활을 꺾었다.

― 그때 내가 말이다. 이제 18살 청년이야, 서예도 잘했어, 그날 제

사지방紙榜도 써서 아궁이 흙벽에 미리 붙여놓았제, 나는 이미 9살 때부터 이곳 왕가동 한문 서당에서 사서삼경을 배워서 지방문 쓰는 것은 어렵지 않았어. 또 한문 공부도 좋아해서 13살 때에는 월반도 하여 소학교 4학년에 편입했제. 아버지는 물한모금 겨우 마시면서 웃으시었다. 오랜만에 보는 미소이다. 다시 말씀을 이었다.

초라한 제사상이지만 그래도 산 꿩 한 마리가 고급스럽게 누워있어서 다행이다. 첫째 순서로 맏이인 아버지가 무릎을 꿇고, 청수를 올렸다. 술이 없어서 그냥 물잔을 올리는 것이다. 어머니가 지난주에 용두레 우물 샘을 첫새벽에 미리 길어다 놓았다.

둘째 삼촌이 마악 엎드려 절하는 순간 빵빵빵! 거적때기 가마니 문에 구멍이 숭숭숭 뚫렸다. 순간 일본 헌병들이 장총을 들고 뺑둘러 포위했다. 헌병들 속에서 거만하게 툭 튀어 걸어나오는 한인이 있었다. 목구멍이 보이도록 깔깔 웃어대는 그는 바로 이웃 마을 탕唐 아저씨가 아닌가?

지난달까지만 해도 탕은 대진단 주요 간부로서 신홍균(신굴) 둘째 삼촌과 같이 항일운동하던 오랜 친구가 아닌가. 그는 삼포리 인민위원회 공산당 세포 간부였지만 독립투쟁을 같이 해왔다. 그런데 그가 일제의 첩자로 이제까지 암약하고 있었다니?

- 요 간나이 시키덜, 신출귀몰한 신홍균! 네놈은 이제 내 손 안에 든 쥐새끼당, 크으윽!
- 야, 멧돼지 짜아석, 그동안 도야지 살이 더 쪘구만지비
- 신홍균! 너 이름도 '신흘, 신굴' 가명으로 쓰고 다닌대매?
- 야, 뭘 그렇게 놀래는 거야, 다 먹고 살려면 그런 거지 머? 내가 간도 헌병대와 양다리 걸치고 있었다는 걸 이제 알았냐? 이 멧돼지야,
- 이제 네가 대진단 2인자가 되었다매? 김중건 불알이 되니까, 눈깔에 뵈는 게 없냐? 덕분에 오늘 너를 체포해 가믄 나도 이제 정식으로 덴노헤이까 헌병이 된다우.
- 요놈을 잡으려고 우리가 이 혹한에 뒷산에서 낙엽을 덮고 잠시러 울매나 고상했능겨,
- 신굴! 이 간나이 시키는 요인살해 명단 제2호가 아잉가벼? 두목 김중건이가 제1호인 거 너두 알제?

탕 아저씨 바로 뒤에 한발 물러서서 이 모든 것을 지휘하고 있던 일본헌병 소좌가 제사상에 가래침을 퉤! 뱉으며 키킥 원숭이같이 웃었다.

- 덴노헤이까 반자이!!

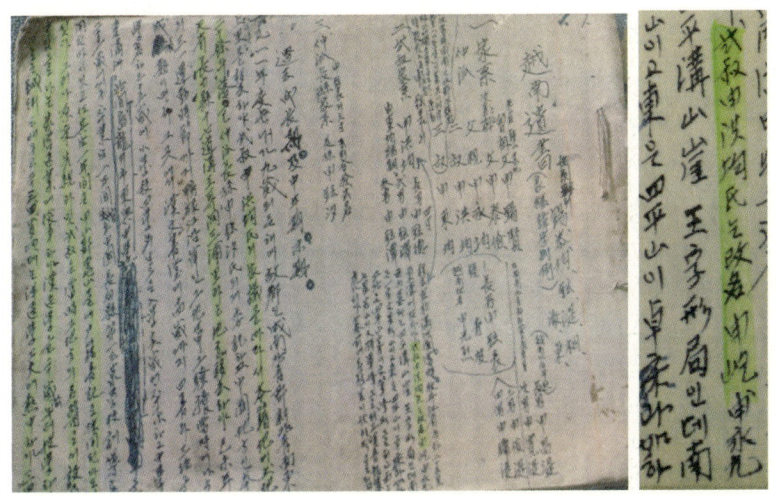

+ 월남유서에 둘째 삼촌인 '이숙 신홍균씨는 개명 신흘'을 토대로 1차 자료 수집결과 국가 서훈이 이루어 짐.

- 나두 요 신굴 아자씨, 메가지 따가면 일계급 특진이라우! 아리가 도우 고자이마쓰네!
- 이 잡년아, 니가 뭔데 이 일본 어른 앞에서 개지랄이야!

그 누렁 가래침이 제사상 할아버지의 사진 위에서 누렇게 흘러내렸다. 찢어진 사진 위에서 누런 달팽이 하나 기어 내려왔다. 제사상 앞을 막아서는 다른 한인 앞잡이가 달려들어 천정에 대고 공포를 쏘았다. 덕분에 구멍이 난 천정으로 폭우가 쏟아져 내려왔다.

일제 헌병들보다 더 무서운 것은 한인 첩자 스파이들이었다. 그들은 빨강 완장을 차고 다니며 하이에나같이 앞잡이 역할을 했다.

　- 조센징, 빠가야루!

　둘러서 있던 일본헌병들도 아버지의 얼굴을 걷어차면서 산 꿩의 뒷다리를 하나씩 쳐들고 씹었다. 헌병 소좌가 신굴의 뒤통수에 권총을 들이대며 밀고 나갔다. 고모가 외마디 소리를 지르면서 온몸으로 막았다. 그러나 어머니는 개머리판으로 뒤통수를 맞고 기절했다.

　그렇게 신굴은 수갑에 묶인 채 아궁이 문지방을 마악 넘어서려는 순간 천정에서 뜬금없이 불똥이 왕장창! 떨어졌다.

　- 앗! 뜨거, 이거 뭐야?

　탕이 얼굴을 가리며 뱅글뱅글 돌았다. 신동균 막내 삼촌이 아궁이에서 불타고 있던 장작개비를 헌병 소좌 대갈통에 잽싸게 갈겨댄 것이다. 동시에 아버지가 가마솥의 뜨거운 물을 그놈들 얼굴에 마구 뿌렸다.

　- 으으악, 뜨거라, 종간나이 시키덜 죽여라아!

　헌병들은 머리에 뜨거운 물을 맞아가면서도 권총과 장총으로 사방으로 갈겨대었다. 그 틈을 타서 두 명의 삼촌과 독립군 아저씨들이 산속으로 날캉 튀었다. 그러나 담장 주변에 미리 잠복해 있던 제2방어선 일본경찰들에게 다시 포위되었다.

그들은 오래전부터 치밀한 작전계획을 해왔던 것이다. 마을 이장이자 인민위원장인 탕은 마을사람 전부의 신원사항과 성향을 꿰뚫고 있었다. 누구의 집 밥상에 무슨 반찬이 몇 가지 올라가는지도 손바닥 들여다보듯 하고 있었다.

왕가동 마을에서 가장 보수적인 가문인 우리 집에서 이번에도 반드시 제사를 모실 것이며 그때 신굴이 스며들 것이란 걸 체크 했다. 조상을 극진히 숭배하는 유교 집안에서는 제사를 목숨같이 생각하기 때문이다.

며칠 동안 뒷산 동굴 속 그리고 우리 집 담장 낙엽 속에서 그들은 이중삼중으로 잠복하고 있었다. 더구나 폭우 속이어서 신굴이 잠입하기에는 안성맞춤이란 것도 예측했다.

역시 흙벽돌 사이로 제사상 관솔불 불빛이 새어 나오자 기습한 것이다. 결정적인 시간이다. 기관단총으로 일개 중대 병력이 물귀신 작전한 것이다. 신굴 단 한 명을 잡기 위해 수십 명 헌병대와 경찰대가 편성되었다는 것은 대진단 단장인 신굴의 권위와 영향력을 반증하는 것이다.

큰 현상금도 이미 걸어놓아서 지금의 로또 복권같이 일반 중국인들도 눈에 불을 켜고 찾아왔다. 신굴을 체포했다는 공지 한 장만 나가도 장백산(백두산) 일대의 항일부대들은 기가 팍 죽어서 해체될 것이라는 치밀한 계산도 포함되어 있다.

- 형! 빨리 노루목 절벽쪽으로 뛰어!
- 야 이눔아, 나를 따라오지 말고, 너나 빨리 반대쪽으로 뛰어! 니가 살아야제!

형제가 서로 먼저 피하라고 했다. 그런데도 막내는 계속 둘째 형 뒤꽁무니를 따라 뛰었다. 헌병들은 다른 독립군들보다 오로지 신굴 하나만을 좇았다. 새끼독사들 1천 마리보다 왕 코브라 1마리가 더 가치가 크기 때문이다. 담장 부근에 잠복해 있던 저격대 무장경찰들이 어느새 산 정상까지 올라가서 골짜기를 겹겹이 포위하며 좁혀들고 있었다.

동서남북으로 튀어나왔다가 사라지는 신굴을 저격할 때마다 막내가 앞을 막아섰다. 그 틈을 타고 신굴은 결국 서쪽 절벽 끝으로 튈 수 있었다. 그리고 벼랑 아래 강물 속으로 뛰어내렸다. 그렇게 몽골 독수리같이 삽시에 사라져 버렸다. 분노한 헌병들은 막내삼촌을 대신 잡아서 집으로 데려왔다.

+ 동아일보 1927년 7월 9일자 김중건 재판 기사, 끌려가는 대진단원들의 사진

신동균 삼촌을 기둥에 묶어놓고 긴 칼을 꺼내어 얼굴을 열십자로 깊이 그었다. 그리고 콧등을 톡! 치자 두부같이 간단하게 삼각형 코가 떨어졌다. 그 앞에는 아버지, 어머니, 누나 등 식구들과 마을 사람들을 강제로 잡아와 앉혔다.

- 빠가야루!
- 신동균, 이 시키야! 너두 네 형과 같은 대진단 요원이제? 대진단 간부덜 이름을 대봐!

탕이 시퍼런 낫으로 막내 삼촌의 불알을 톡! 치자 검붉은 핏물이 사타구니에 금방 터졌다.

- 도령님! 그냥 불어요, 고집부리다가 우리 식구 다 죽어유! 부엌 기둥에 묶여 있던 첫째형수가 소리치자 핏물이 곧 쏟아졌다.
- 빠가야루! 온나노 조센징!

거만하게 입 가장자리에 담배 하나를 물고 있던 보조 헌병이 형수의 얼굴도 걷어찼다.

- 아악, 이제 제발 제발, 그만 살려주세요!!

막내 삼촌의 양쪽 이어서 귀가 잘려서 땅바닥에 떨어졌다. 곧이어

묶여 있던 포승줄에서 끌어낸 아버지의 상투를 감아 잡고 질질 끌고 다녔다. 역시 묶여 있던 어머니와 누이동생이 살려달라고 애원하자 헌병이 권총으로 두 여성의 머리통을 함부로 찍어대었다. 둘 다 피거품을 뿜으면서 기절해 갔다.

- 빨리 불어엇!

그러나 막내 삼촌은 끝내 독립군 대진단 간부 이름을 대지 않았다. 덕분에 세 명 가족들 전부의 몸에서 쏟아지는 피가 폭우와 함께 온 마당을 벌건 핏물로 소용돌이치게 했다. 모여들었던 동네 젊은 여성들은 산속으로 이미 도망가고 없었고 꼬마들은 동네방네 떠나갈 듯이 울었다. 일본 헌병들의 집단 광기 현장이다.

- 요 마을 아낙네 이년들아! 너거덜도 마찬가지여! 민족주의 불한당덜 헌티 몰래 옷이나 주먹밥을 갖다주몬 요렇게 능지처참 당할 끼래이,
- 쌰! 알았쪄 몰랐쪄, 다들 팍 쥐기뿔라,

우리 집 초가지붕 바로 아래 제비집 구석에 미리 만들어 놓은 좁은 쥐구멍에 어머니가 나를 꼭꼭 미리 숨겨놓았다. 이런 일들이 어

디 한두 번인감, 어머니는 늘 머리가 커진 18세 나를 챙겨왔다. "삼촌들이 다 독립투사들인데 너 하나만이라도 목숨을 살려서 대를 이어 가야 안카나?" 눈물로 나를 타이르곤 했다.

제삿날 전날부터 아예 제비집 방에서 내려오지도 못하도록 나에게 신신당부했다. 덕분에 지붕 밑에서 아래 마당에서 일어나는 모든 참극을 영화 보듯 그대로 필름으로 감아놓을 수밖에 없었다. 우리 집 가족사 참극 중 참극이 아닐 수 없다.

이 장면은 나에게 평생 트라우마 상처로 남겼다. 결국 '월남유서'를 쓰게 만든 또 하나의 결정적 계기 가운데 하나이다. 장백현 15도구 이곳 웅구사로 이사 온 지 9년만에 터진 비극이다. 동북지방 만주는 10월만 되어도 영하 50도로 급강하 하고 폭설이 폭우로 쏟아지는 계절이다. 그래서 장백산 입구도 봉쇄된다. 1년에 절반은 겨울인 셈이다.

끝내 신굴을 찾지 못한 그들은 약 한 달 후, 다시 찾아와 막내 삼촌을 압록강으로 다시 끌고 갔다. 가족들도 포승줄에 묶어서 질질 끌려 갔다. 머리끝에서 발끝까지 연골마다 칼자국이 나 있었으며 관절이 강제로 꺾이어 걸을 수도 없었다. 얼굴은 팅팅 불었고 온몸은 피골이 상접하여 시체귀신 같았다.

어머니와 누이동생은 헌병들한테 맞은 다리가 쑤셔서 도저히 걸지 못하자 마을 청년이 업고 뒤를 따랐다. 마을 사람들이 밤이면 몰래 옥수수죽을 담 밑으로 넣어주기도 했다.

- 꾀병 부리지 마, 시키야, 너거 둘째 형 신굴 시키가 어디 있어? 끝까지 안 불거야?
- 모릅니다! 탕 아재도 우리 집을 계속 감시해 와서 잘 알잖아요?
- 너거 형 멧돼지 시키가 뛰어내린 절벽이 바로 여게지?
- 너두 여기서 형 따라 뛸 거야, 불 거야?

그들은 신굴이 또 나타날 거라며 담장을 뺑둘러 보초를 서왔다. 집 안방도 차지하여 가족들은 마루에서 잠을 자야 했다. 그때 나는 뒷산 팽이나무 꼭대기에 까치집 속에 숨어 있었단다. 거의 한 달을 기다렸지만 전혀 감이 없자, 이젠 막내 삼촌이 신굴을 못 잡게 훼방 놓았다며 화풀이 보복하려는 것이었어!

사실 막내 삼촌이 뒤따라가며 요리조리 총알받이 노릇을 했기 때문에 둘째삼촌 신굴도 살아날 수 있었던 것이다. 탕은 다시 마을 사람들은 벼랑 위에 소집시켰다.

탕탕! 무딘 부삽으로 막내 삼촌 목을 여러번 내리쳐서 돼지 머리통같이 잔인하게 지질렀다. 그리고 다른 빨강 완장들이 달려들어 두 팔과 두 발 또 두 손목과 발목은 사지를 각각 절단했다. 사람고기를 하나씩 높이 쳐들고 환호성을 쳤다. 이미 막내 삼촌의 코와 귀는 탕이 한 달 전에 부삽으로 내리쳐서 거의 없어진 짐승같은 상태이다.

― 야, 이 종간나 아줌마야, 뭘 고로콤 쳐다보구만 있어.

탕이 갓난아기를 안고 있는 그 아줌마를 툭 차버리자 벼랑 아래로 두 사람의 생명이 가볍게 날아 떨어졌다. 극도의 공포에 찬 마을 사람들이 푸줏간 고기 집듯이 여러 동강이로 잘라진 막내 삼촌 사지를 하나씩 강물에 던졌다. 차마 보지 않으려는 아버지, 어머니 얼굴을 추켜들고 강제로 보게 했다.

― 덴노헤이까 만슈리!
― 아리가도우 고자이마쓰넹! 이캐 소리쳐봐!

사람을 고문하면서 '덴노헤이까 만슈리! 아리가도우' (일본천황 만세 등)이 왜 터지는지 모르겠다.

탕과 헌병 소좌는 일 계급 특진 기회를 바로 코 앞에 두고 놓치었으니 그 화풀이를 반복하는 것이다. 헌병대장은 강제로 구호를 반복 외치게 했다. 항일전쟁에 같이 돌진해도 부족한 판국에 왜 같은 한민족끼리 내부 총질을 하는지 모르겠다.

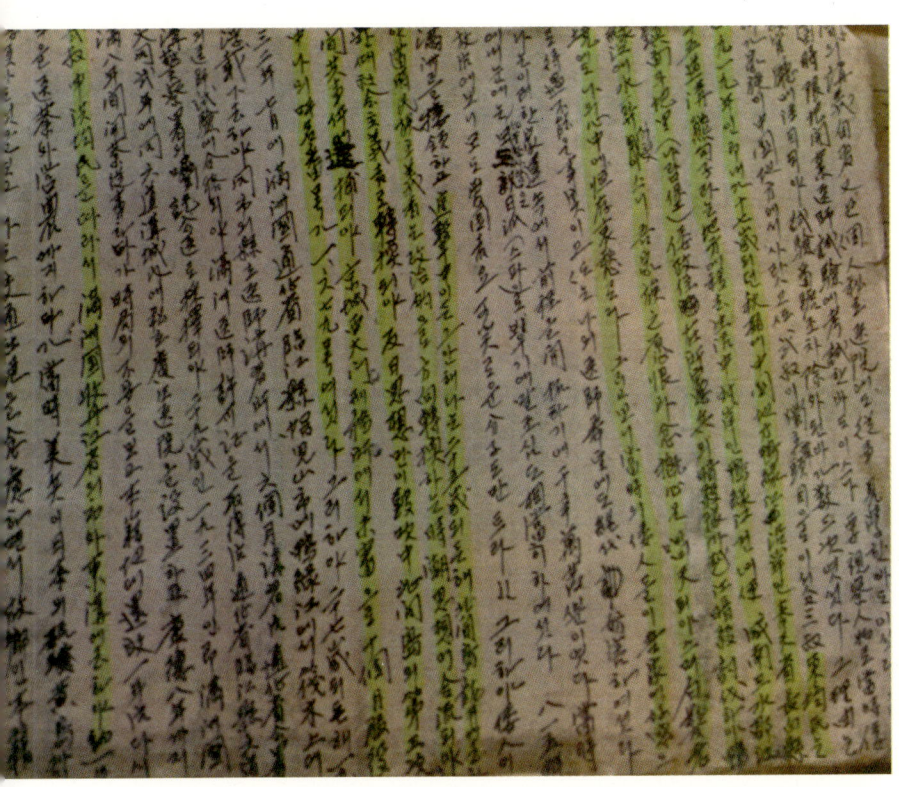

+ 이숙이 독립군 두목으로 있었고 삼숙 신동균씨는 1919년 내가 17세 되던 가을에 (중략) 압록강 건너편 삼수군 강진면 두지리 왜정 주재소 헌병의 암살대가 월강 암살토벌하야 압록강에 수장시켰으니 폼 가족지 원한과 분개지심은 창천대얏으며 백발노경에도 나의 심중에 항존 애수로다.

네가 훔친 내별

3. 네가 훔친 내별

아버지 '청파' 신광렬은 왕가동을 떠나기로 결심했다. 신동균 막내 삼촌에 대한 일제의 참담한 보복 상처 트라우마 속에 더 이상 방구석에 엎드려 있을 수 없었다. 반드시 우리 집안의 원한을 보복하고 말 것이다!. 근처 용정시로 떠날 준비를 했다. '네가 훔친 내별' 청파 영혼의 바다는 한때 꿈 많은 사춘기에 큰 이상을 갖고 유학도 꿈꾸었다.

그러나 '나의 꿈은 이렇게 피튀김 저주의 가족으로 끝낼 수는 없다' 아버지 신영균 일가족들은 항일운동을 하다가 이렇게 무참하게 희생당했다. 청파의 선친인 첫째 신영균은 장남이어서 가족의 생계를 책임지어야 하기 때문에 무장투쟁에는 직접 뛰어들지 아니하고 독립군 부대에 식량과 한약재 의약품 등 군수품으로 계속 뒤를 봐주었다. 즉 생업이자 가업인 한의원을 계속 운영해 왔던 것이다.

둘째 삼촌 신굴은 민족주의 독립투쟁 의식이 원래부터 아주 강했다. 신영균은 친동생 신홍균의 뜻에 따라 1911년 왕가동 삼포리三浦里로 망명하였던 것이다. 3형제 가족이 모두 함께 갔다. 그때 청파의 나이 겨우 9세였다.

사실 대대로 한의원 가업 5대째이어서 생활에는 큰 불편이 없었다. 그러나 장남으로서 신영균은 고향 북청군의 그 많은 땅과 집 그리고 노비들을 풀어 주고 둘째 동생 신홍균의 민족운동 뜻에 따라 북만주로의 가족 이주를 결심한 것이다. 조선조 말기 고종은 외세에 의해 크게 흔들렸다. 국제역학적 조정의 혼란을 틈타 간신배 이완용 등이 일본 군국주의 세력과 야합을 하는 등 기울어진 운동장이 되어갔다.

당시 1910년대 안중근의 할빈 권총의거와 1920년대 청산리, 봉오동 대첩으로 조국 독립을 위한 뜨거운 함성으로 지식인 선구자들이 앞다투어 압록강, 두만강을 건넜다.

특히 1905년 을사늑약 이전부터 뜻있는 선각자들이 가족을 이끌고 이주하여 동간도, 서간도는 의병대 활동 근거지였다. 1910년대 초부터 만주 장백현에는 한국인들이 몰려들기 시작했다. 특히 홍범도는 갑산군에서 활동하던 임재춘 변해룡 등을 왕가동으로 불러들여 독립군들을 위한 식량과 한약 등을 구매하기도 했다.

그러자 국운을 한탄한 재벌 이회영李會榮(1867~1932)은 재산을 정리하여 1910년 일가족과 노비 40명 등을 이끌고 서간도 유하현으로 망명하였다. 유하현에는 예천의 이수원, 이대성 일가도 뒤따랐다.

이상윤과 김동진 등도 안동마을 50여 가구와 함께 역시 서간도로 뒤따랐으며 박은식 등 당시 유명한 민족주의자들이 만주 간도 땅으로 몰려들며 항일투쟁의 근거지를 마련해 나갔다. 그리고 윤세복은 밀양의 가족을 이끌고 혹한의 서간도 환인桓仁으로 망명하여 민족학교 동창東昌학교를 설립한다.

1919년 가을, 신광렬 가족은 왕가동에서 장백현 15도구로 다시 이사했다. 신홍균이 장백현 16도구 덕수에 새로 조직한 대진단 지단장에서 원종의 대정원장으로 승진하여 활동하였기 때문이다. 이때 청파申鉉表도 원종에 입교하며 '신호'申琥로 개명하였다.

왕가동은 강 건너 함경도와도 직통이다. 신홍균은 대진단 단원들을 조직하여 장백현 한인 마을 주민들을 마적 떼 등으로부터 보호도 해주었다. 청년들을 규합해서 자치대를 조직해서 활동한 조직이 그대로 나중에 대진단 독립군의 일원들이 되었다.

1921년 1월 15일 새해가 밝자, 대진단 사무실에 대진단, 군비단, 흥업단, 광복단등 각 독립군 단체들이 모였다. 장백현 17도구의 신홍균 가족 및 마을 주민들을 습격한 일본 헌병들의 만행을 규탄하면서 독립군 무력투쟁 결의 대회였다.

결의 대회 다음날인 1월 16일 신홍균 대진단장의 지시에 따라 젊

+ 1921년 일본 헌병대 비밀문서 : 1921년 1월 15일 대진단 장백현 지단에서 모인 독립군 단체. 다음 날 1월 16일 독립군들이 함남 삼수군 강진면 두지리 왜정주재소를 습격하여 마을 사람들과 신동균의 원한을 풀어줌

 은 청년인 왕가동 원종교 간부들이 압록강 건너 함남 삼수군 강진면 두지리 일본 헌병대 주재소를 습격하여 전투를 벌였다.

 특히 이곳 장백현을 비롯한 만주에는 이회영, 김중건, 신흥균 등 망명해온 독립군 가족들이 많이 모여들었다. 그들은 왜 부유한 한반도 집을 놔두고 굳이 목숨을 걸고 황량한 만주벌판 항일 무장독립투쟁에 뛰어들었는가? 오로지 민족의 독립과 자유이다. 당시 항일투

네가 훔친 내벌 49

쟁은 국내보다 오히려 해외 특히 만주 일대에서 독립투사들이 더욱 가열차게 싸웠다.

한국독립운동사를 뒤집어 일별해 보면 해외의 경우, 이승만의 하와이, 안창호의 LA, 유럽의 이준 등의 역할이 상당하다. 그러나 중국의 항일무장 투쟁은 더욱 크고 넓은 스케일이었다. 상해 임시정부를 비롯하여 북만주와 연해주를 연계한 항일투쟁은 더욱 조직적이고 집단적으로 광범위하게 전개되었다.

특히 한의사 군의관들의 역할이 매우 중요했다. 만주일대 한의원들은 대개 이중 삼중으로 독립군들에게 헌신했다. 한의사들은 부상환자들에게 목숨같이 필요한 존재이며, 또한 현지 한약방에서 벌어들이는 수익금을 모아 군자금으로 지원했다. 또한 산야의 한약재를 채취하여 지속적으로 지원해 주었다.

동시에 만주일대 각 지역 독립군의 비밀 통신망 아지트이어서 군수, 연락, 보급 등 비밀기지가 되었다. 만주지역은 안중근의 할빈 폭탄의거에서부터 홍범도, 최진동, 김좌진, 이범석, 지청천 등 세계적 이목이 집중된 독립투쟁 지역들이었다.

만약 유엔에 의한 독립이 안 되었어도 한민족의 독립투쟁은 이렇게 뜨겁게 지속되었을 것이다. 오히려 국내에서는 열기가 시들어 갔지만 만주일대에서는 지속적 조직적 체계적인 항일운동 결기가 들불로 극대화 되어 나갔다.

　청파는 왕가동에서 한의사인 아버지를 모시고 매일 산에 올라가 약초를 캐었다. 긴급한 상황에서 약초의 종류와 효험 등을 더욱 빨리 숙달하도록 스스로 노력했다. 헌병들의 폭행으로 가족들의 육체는 허물어졌다. 청파 부자는 산야의 약재를 달여서 가족들에게 먹였다. 선조 대대로의 비방 침술로 더욱 보완되어 갔다.

　그러나 정신적으로 너무나 큰 충격이어서 누이동생은 거의 정신병자같이 미쳐갔다. 밖에도 안 나가고 방구석에만 숨어서 누구도 만나려고 하지 않았다. 동균 막내 삼촌이 목이 잘린 상태로 압록강에 수장되는 것을 본 그 기억을 어린 소녀로서 어떻게 지울 것인가.

　그래도 어머니가 누이동생을 반강제로 밖으로 나갔다. 용정 용두레 우물 샘과 용정공원 그리고 백두산 서화 폭포수 등으로 데리고 다니며 기분전환과 심신안정을 시켜 주었다.

　이듬해 청파는 왕가동을 떠나 용정시로 떠나기로 결심했다. 청파까지 가족들의 가혹한 상처와 고통 속에서만 주저앉아 있을 수 없었다. 가족을 위해 꺼져가는 호롱불이라도 단단히 휘어잡아야 했다. 청파는 더 이상 아무 것도 안하고 집에 앉아 있을 수 없었다. 가족들의 원한과 분노는 용광로같이 분기탱천하였지만 현실적으로 또 어떻게 할 수도 없었다.

그렇다고 그냥 당하고 앉아 있을 수만도 없었다. 아무런 일도 할 수 없었다는 게 가족들을 더욱 고통스럽게 하는 것 같아 떠나기로 했다. 반드시 가족의 원한을 씻어줄 것이다.

탕 위원장 등은 돼지 비계살 같은 몸으로 방울뱀 눈도끼를 찍어대고 다녔다. 동네에서, 학교에서 민족주의 계열 독립군들을 색출해 내었다. 심지어 청파네 집을 '요시찰 가족'으로 손가락질하도록 유도했다. 집단적 살인광기에 함몰되었다. 무자비한 만행과 폭력 앞에서 언제까지 무릎 꿇고 그냥 있을 수만은 없었다.

- 아버지, 이젠 제가 용정으로 나가 살길을 찾아보겠습니다. 안정이 되면 다시 우리 가족을 모시러 올 것입니다.
- 그래, 너나 몸 건강하게 지내려무나,
- 어머니도 곁에서 거들었다
- 애야, 그렇다고 무리할 필요는 없다. 인간이란 태어나면서 다 운명이란 게 있단다. 자기만의 북두칠성 같은 운명의 별을 하나씩 가지고 태어나는 게야,

이튿날 어머니가 소금물 칠한 주먹밥 도시락을 준비해 주었다. 적

잖은 돈도 속고쟁이 안에 주머니를 만들어 넣어주셨다. 그동안 한약방에서 아버지가 꼬깃꼬깃 모아온 돈이다. 누이동생을 마지막으로 안아 주었다.

용정으로 가는 새벽 마침 안면이 있는 이웃동네 사람의 짐마차에 올랐다. 검문소마다 짐마차 사람들이 전부 내려서 헌병들의 신분 검사를 받았다. 그때마다 청파는 젊어서 인지 행렬에서 따로 불러내어 별도로 검사를 했다. '불령선인 요시찰 인물'을 찾기 위함이다.

어디로 가느냐, 무엇하러 가느냐, 언제 귀향하느냐, 까다롭다 심지어 속고쟁이에 숨겨놓은 돈을 찾아 뚝 잘라 가는 헌병도 있었다. 항의하면 그냥 영창에 가두면 그만이다. 장백현에서 용정까지 거리가 멀다. 5일 걸리는 용정을 10일 걸려서 겨우 닿았다. 쪽 군화 밑창에 밀어넣은 돈만 남고 나머지는 홀랑

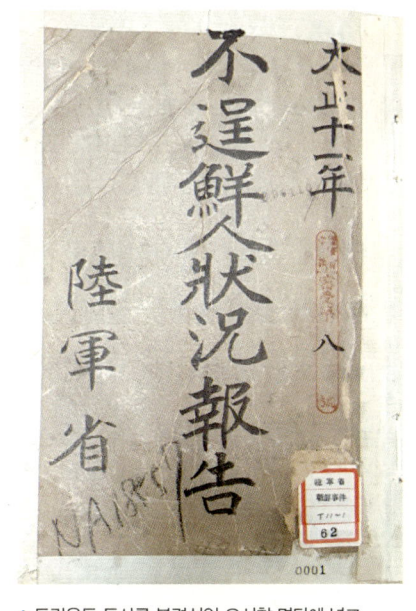

+ 독립운동 투사를 불령선인 요시찰 명단에 넣고 감시하는 일본 육군성 보고서

다 강탈당했다.

그럴수록 청파의 일제에 대한 복수의 비수는 더욱 날카롭게 갈려질 뿐이다. 그렇다 내 목숨만 부지하면 언젠가는 일제의 시계침이 거꾸로 돌아 갈 날이 올 것이다. 이맛살을 긋는 면도날 충격은 평생 씻을 수 없는 트라우마로 응어리 되어 있다. 이때의 외상은 청파의 마음이 흐려질 때마다 피묻은 송곳이 되어 심장을 찌르곤 했다.

민족운동의 피뢰침을 정수리 깊이 꽂아 놓았다. 언젠가는 신홍균(신굴) 삼촌도 다시 만날 수 있을 것이다. 당시 대개의 독립투사들은 둘째 삼촌 신굴과 같이 가명 또는 이명을 썼다. 청파도 용정에 도착한 이후 이름을 '신호申號'로 학교에 등록을 했다. 조국의 독립운동에 대한 새로운 각오를 한 것이다.

1920년 청파는 우선 진학할 학교를 물색했다. 은진중학교 사무실을 찾았다. 1913년에 설립한 은진恩眞 중학교는 영국과 캐나다 장로교회 선교사들이 용정에 설립한 외국인학교이다. '하나님의 은혜로 진리를 배운다'라는 뜻의 '은진'이다. 이외에 명신여학교, 제창병원 등 기독교 기관을 설립하였다.

고문에는 김구, 교감에는 이태준이었다. 외국인 재단이어서 일본도 힘부로 간섭을 못했다.

+ 중국 길림성 장백현 17도구의 현재 모습

  1916년 여름, 김중건笑來 金中建(1889~1933) 독립투사 겸 철학자도 왕가동에 들어와서 원종元倧의 뿌리를 내리기 시작했다. 이때 신굴은 운명적으로 김중건을 만나 나중에 대진단大震團 단장과 원종의 대정원장이 되어 본격적인 항일무장 투쟁을 함께 시작하게 된다.

  김중건은 민족종교인 원종元倧을 확산시키려면 우선 국가가 존재해야 하며 국가를 세우려면 일제의 지배에서 일단 해방되어야 한다며 항일 무장투쟁을 주창했다. 민족정신을 깨우치려면 민족학교가 절실하다며 조선인들이 사는 마을마다 열정적으로 학교를 설립했다.

북강학원 덕수학원 도전학원 등 산골짜기마다 창설했다. 청파가 왕가동에서 사서삼경을 배우던 창동昌東학교도 그 가운데 하나였다.

(* 도산 안창호 일기)

왕가동의 원종과 대진단은 한 몸이다. 즉 원종은 정신이고 대진단은 육체이다. 약 5천 년 우리 민족의 고유한 정신을 계승하기 위해서는 독립된 국가가 절실하며, 그 조국을 탈환하기 위해서는 일본 제국주의와 한다. 대진단이란 글자도 발해 '진'震에서 나왔으며 연원은 고조선 – 북부여 – 고구려의 전통을 잇는 것이다.

+ 1920~30년대 동흥중학교

이러한 국가철학의 원종교元倧敎는 천도교의 갈등 속에서 탄생되었다. 원래 천도교 신도이었던 김중건이 뛰쳐나온 이유는 천도교가 일제에 저항하지 않고 지도자들이 안주하고 방관하고 있다는 것에 반발한 것이다. 김중건이가 원종으로 다시 창시하면서 '광제창생과 보국안민'의 철학을 내걸었다. 오늘날 인간의 평등과 인류평화 글로벌 사상이다.

다만 특이한 것은 '무국'無國 사상으로서 일종의 자생적 anakism이다. 프랑스 또는 일본의 아나키즘과는 좀 다르다. '국가 없는 국가'를 이상으로 하는 아나키즘 사상은 일본 도쿄를 중심으로 당시 크게 유행하던 이상주의 국가사상이다. 당시 도쿄에 유학하던 한국, 중국 선각자들이 한때 매몰되기도 했다. 중국의 루쉰, 꿔마야 한국의 김동인, 김남천, 유치환 등 문인들도 심취하여 그들 작품에 반영하기도 했다.

결국 청파는 동흥중학교를 최종 선택했다. 민족주의 성행이 가장 강했기 때문에 동흥중으로 진학했다. 나중에 이 학교를 졸업하면서 역시 민족성이 강력한 1924년 제일정몽正夢 학교 교사가 된다.

북만주에 떨어진 북두칠성

4. 북만주에 떨어진 북두칠성

준은 깜짝 놀랐다. 어린시절 아버지랑 온양온천 목욕탕에 자주 갔었다. 그때 아버지 등허리를 빡빡 밀어주다가 아버지 옆구리의 시커먼 흉터를 보았다. 아버지가 늘 감추어 왔기 때문에 처음 발견했다. 약 30cm 정도 깊은 칼자국이다. 어린 고사리 손끝이 바르르 떨렸다.

- 어엉? 이게 머야? 아빠도 깡패야?

웃으면서 농담으로 물었다. 청파가 잠깐 놀래어 잠시 옛날 생각에 잠기는 것 같았다. 눈을 지긋이 감고 있다가 한참 만에 말했다.

- 어어, 그거 그런데 별거 아니야, 나중에 니가 좀 더 크면 말해 줄게...
- 그래두 아빠, 나두 이제 초등학교 3학년이야, 조금은 세상을 알 나이에유!

준이가 계속 고집을 부리자 청파는 결국 어린 아들을 데리고 구멍가게로 데려갔다. 녀석이 평소에 좋아하는 칠성사이다를 사주었다. 일부러 숨겨놓은 고통스런 과거사를 처음 말했다.

청파는 해방이 되면서 월남하여 재혼했다. 준이는 1952년 6.25 난리통에 낳은 남한에서의 큰아들이다. 북한에도 첫 부인에게서 낳은 아들 둘이 있다.

청파는 잠깐 구멍 가게 유리창을 통해 길거리를 내다보았다. 자신의 운명을 뒤바꾸어 놓은 1930년 흑백사진이 유리창에 비치었다. 세계사에서 1930년은 가장 예민했던 '폭압의 신경질 시대였다' 바로 그 전해 1929년 미국발 세계경제 대공황은 '암흑의 지구판'으로 돌변시켜 버렸다. 동양에서는 중국 일본 러시아가 연해주 극동지역 경계선에서 극한적 땅뺏기를 하며 서로의 뺨을 휘갈기고 있었다.

'북만주에 떨어진 북두칠성'이랄까, 청파는 준이에게 일본 기마병의 칼에 얻어맞게 된 이야기를 해주었다. 1930년 청파의 봄날도 외세적 신경질환으로 돌발되었다. 이 항일운동 사건은 이후 북만주 항일운동 단체에 지각변동을 준 큰 사건이 되었다.

즉 북간도 용정에서 일어난 제3차 대형 항일시위 사건이다. 이때 시위를 주동한 청파가 일본 헌병 기마대에게 칼을 맞았다. 청파는 타 중학교 시위 주동자들과 함께 은진중학교에서 학생시위를 총 기획했다. 제2차 간공사건 이후 제3차 대대적인 3.1운동 기념시위를 위해 한 달 전부터 치밀하게 준비해왔던 것이다.

- 준아, 아빠가 일본군에게 칼을 맞은 그때 사건은 서울 탑골공원 3.1 만세운동 11주년 기념일인 동시에 광주학생운동 11주년이었제,

만주까지 그 소문이 났어 그래서 1930년 3월 5일 당시 은진중학교 운동장에는 많은 시민들과 용정시내 중학생들이 모여들었어, 특히 한인들이 주도했기 때문에 중국인 한족보다는 한인들이 더 많았단다.

- 아빠, 중학생들이 나이도 어린데 무슨 시위를 해요?
- 으음, 그때 중학교는 5년제로서 지금의 고등학생들 이상으로 나이가 많았어, 특히 동흥중, 용정중, 보문중 등 민족의식이 강한 나이 많은 학생들이 앞장을 섰단다. 오랫동안 쌓인 일제의 만행과 압박에 분노가 폭발한 기야,

동흥 중학교를 졸업한 27세의 혈기왕성한 청파는 후배들과 함께 맨 앞장서서 시위를 주도적으로 이끌었다. 기마병들이 철조망을 넘어 총칼을 휘두르며 선두 시위행렬을 마구 짓밟았다. 넓은 운동장은 금방 핏물이 흘렀다. 그때 청파 등 학생시위 주동대원들이 기마대를 반격하여 헌병들과 육박전이 벌어졌다. 부삽, 곡괭이, 갈고리 등 농기구를 들고 항거하던 청파는 집요하게 뒤쫓아오는 헌병의 간 칼에

옆구리를 난자 당해 쓰러져 기절했다.

준은 아버지 청파의 '월남유서'를 다시 펼쳤다. 이때의 사건이 그대로 기록에도 일치되어 나타났으며 나중에 친동생(잠실자생한방병원장)민이가 확보한 중국 정부 '연변 문사 자료'에도 자세하게 부가되어 있었다. 어디선가 '복수회포가' 창_唱이 합창으로 우렁차게 운동장에 먼지를 일으켰다. 당시에 교가는 없었고 이런 독립군 행진가가 각종 학교 행사와 체육시간에 애창되기도 했다.

단군 자손 우리 소년, 국치민욕 네 아느냐
부모장사葬事할 곳 없고 자손까지 종 되엿다.
천지 넓고 너르것만 의지할 곳 어대더냐
간 대마당 천대받고 까닭없이 구축되네

나라 없난 우리 동포, 사라잇기 붓그럽다
땀을 내고 피를 흘녀 나라 수치 싯처 놋코
뼈와 살은 거름되여 논과 밧에 유익되세
우리 목적 이것이니 잇지 말고 나아가세
부모친척 다 바리고 외국나온 소년들아
우리 원수 누구던냐 이를 갈고 분발하여

백두산에 칼을 갈고 두만강에 말을 먹여

　　　앞으로 갓 하는 수레에 승전고를 둥둥 울려

　　　(후렴) 이젓나 이젓나 우리 원수가 / 합병한 수치를 네가 이젓나

　　　자유와 독립을 다시 찻기는 / 우리 헌신함에 전혀 잇도다

- 복수회포가

'조국을 빼앗긴 망국의 한과 실의를 노래하면서 조국의 자유와 독립을 회복하는 데 주저하지 말고 나아가 일제와 싸워서 이를 물리시키자'는 도전적인 용기와 기백을 보여주는 것이다. 감동적 가사가 밤새도록 합창되었다. 당시 이런 창가 교육은 청소년들에게 백절불굴의 항일의식과 미래지향적인 가치관을 자극하는 데 크게 이바지하였다.

피잉 핑이 핑! 공포소리에 용정시내가 뒤집어졌다. 은진중학교 근처 시장골목 입구에는 큰불도 터져서 검은 연기가 온통 시내를 덮었다. 대낮인데도 캄캄하다. 나중에 알았지만 이 근처 고무공장 휘발유 불은 헌병대가 비밀리에 불붙여 놓고 한인들이 방화했다고 소문을 낸 것이다.

그것은 만주사변의 계기가 된 만주철도 철길을 일본이 사전에 조작 파괴시켜 놓고 중국인들이 했다고 조작한 사건이나 마찬가지 간

교한 수법이다. 근처 할빈의 124군 생체실험부대 사건은 또 얼마나 간악한 짓거리인가. 그 게다짝들의 사무라이 칼잡이 학살 근성은 태평양 전쟁 때 동남아시아 백성들에게 까지 잔혹하게 무당칼춤을 추었다. 지금도 섬뜩한 사무라이 근성이 아닐 수 없다.

1930년 2월 28일 결국 용정 일도 중학교 간부들이 은진중학교 운동장에 급거 집결하였다. 그것은 은진중학교가 영국 조계지租界地 안에 있어서 일본 경찰이 울타리 안에 함부로 들어올 수 없었기 때문이다. 이튿날부터 피의 투쟁이 시작되었다. 청파 등 학생 지도자들이 현수막과 태극기 등을 제작하며 조직적으로 강력하게 저항했다.

국내 언론에서도 떠들자 동흥중 학생들이 주도하여 동맹휴학에 들어가고 대성중, 은진중, 광명여자중 등이 뒤따라 합세했다. 영국과 캐나다 선교사들이 활동하던 장로교회 예배당 등에서도 '무자비한 총칼로 시민들을 피로 탄압한다'라며 본국에 호소했다.

용정 일대가 용광로 같은 분노에 휩싸여 격화되어 갔다. 밤이면 헌병대가 학생 기숙사를 급습하여 많은 학생들이 간도총영사관 지하실에 감금되었다.

기마대 헌병들은 긴 군도칼로 용정시내 시민들에게도 더욱 잔인하게 휘둘렀다. 오후부터 시작한 시위가 어느덧 밤이 되었다. 그래도 한번 폭발된 시민들은 돌아갈 줄 몰랐다. 별빛에 반짝이는 긴 칼이 하늘로 치솟을 때마다 학생들의 모가지도 공중으로 치솟았다. 철조망 주변이 이내 검붉은 피로 흘러내렸다. 황혼빛 석양을 배경으로 찬란하게 반사되었다.

북만주에 떨어진 북두칠성의 피튀김인가! 사람의 목숨이 종잇장같이, 볏단같이, 밤하늘 민들레 꽃털같이 가볍게 날았다. 횟집 사시미칼 같이 허옇고 긴 칼날이 원형으로 돌 때마다 한 칼날에 서너 명의 머리통이 날아가기도 했다. 섬뜩했다. 철조망을 사이에 두고 기마대와 시위대가 대치하다가 어느새 날카로운 철조망도 왕창 쓰러졌다.

철조망 가시에 찔리고 찢어지고 살벌한 육탄전이 벌어졌다. 시민들의 분노와 원한은 밤새도록 확산이 되자 위협을 느낀 헌병대에서는 더 많은 병력을 집결시켰다. 달리는 기마병들은 마술같이 장난으로 칼싸움 연습하듯이 허연 이빨이 드러나도록 낄낄대며 함부로 살육했다. 그러면서 운동장 가장자리를 신나게 돌았다. 네로의 살인적 사륜마차가 달리듯 그들이 지나치는 길 위에는 피를 뿜는 시체들이 이어졌다.

청파가 굳이 제일정몽학교 교사로 들어간 이유는 이 학교가 당시 독립군 단체와 추비 관계를 맺고 있었다. 이 학교 교사들은 모두 민족주의 독립운동가였다. 1920년 신동균 막내 삼촌이 가족들 앞에서 참담한 칼침을 받고 압록강에 수장된 후 약 5년 만에 가족의 철천지 원한을 보복하기 위해 정몽학교 교사로 들어간 것이다.

일제 기마병이 철조망에 다리가 끼인 어떤 어린이를 단칼에 내리치자 머리에서부터 온몸이 두 쪽으로 쫙! 갈라졌다. 부엌칼로 볏단 자르듯 그 옆의 초등학교 어린이들도 차례로 두 쪽이 되었다. 근처에 있던 아주머니들이 달려와 아이들을 안았다. 그러나 기마병은 그들 어머니 얼굴과 등허리도 마른 장작 패듯 두 쪽 세 쪽으로 난도질했다.

약 1m 넘는 일본도 긴 칼은 사람들의 육체를 함부로 난도질했다. 생선회 치는 회칼같이 잘 드는 칼이다. 칼보다 더 무서운 것은 칼 쓰는 경찰들의 칼 재주이다. 사람 모가지도 두부 자르듯 날렵하게 단칼로 날린다. 은진중학교 운동장은 그대로 로마시대 콜로세움 인간 살육장으로 돌변 되었다.

기마대가 달려오면 우우우! 도망갔다가도 군중들은 다시 몰려들곤 했다. 권총과 군도시로 무장한 그들에게 대항할 무기가 전혀 없었다. 운동장 한복판에서 시위를 주도하고 있던 청파 등 시위 지도부들은 교내에 비치되어 있던 부삽과 곡괭이 등으로 겨우 항거할 뿐이다. 여학생과 아주머니들은 화단의 벽돌 등을 깨어서 치마에 넣어 날라주었다.

- 이봐, 청파 선생! 방금 날라온 소식이야, 훈춘지역 일본 경찰들이 시위를 한 동네 이장 가족을 차례대로 장작더미 불 위에다 올려놓고 태워죽이고 있다네 쥐길눔덜!

뒤에서 따라다니던 동료 교사가 옆으로 와서 소리치며 주먹을 휘둘렀다.

- 기차 발통에 갈아쥐길 눔덜, 며칠 전에는 여기 은진중학교 어린이들도 당했어유. 풀 써는 농기구 큰칼에 어린애 목을 끌어다가 그대로 썰어버렸어유
- 맞아요! 바로 우리 옆집 아아가 아이라, 이제 15살배기에유,

치마에 돌멩이를 날라주던 또 다른 아낙네도 끼어들었다.

- 재규어같은 놈들이에유, 도망가는 아이들 집까지 좇아가 잡아왔시유, 아까 낮에 여기 은진핵교 운동장에 나란히 무릎 꿇혀 앉혀 놨시유, 나두 보았당께루!
- 군도칼로 머리 위에서부터 발끝까지 온몸 가죽을 벗겼당께, 통닭을 만들어 전깃줄에 걸어놨어, 살모사덜, 즈거들은 자식이 없나?
- 지난 달 만주 간공회 제1차 사건 때에는 여기 용정북쪽 탄광 인

부들 약 1만 명이 탈출했대유, 그 일부는 여기 용정공원 시위에 가담했다가 간도 총영사관 지하실로 끌려갔대유,

— 그 지하실 대형 수영장 물 속에 그 인부들을 거꾸로 잡아맸다구 했응께, 워디 살아남겠어유?

다소 큰 돌멩이를 머리에 낑낑거리며 메고 오던 어느 여학생의 쌍갈래 머리털이 휘익! 흔들리는가 싶더니 단번 그미의 목이 공중에서 함께 떨어졌다. 뒤따라오던 그 기마병의 부관이 하늘에서 떨어지는 쌍갈래 여학생 모가지를 군도시로 간단하게 받았다. 마술단의 잘 훈련된 곡예사 같았다.

어깨에 똥별 한 개가 별빛에 유난히 빛나는 기마대 헌병대장이 그 효수梟首를 공중에서 그대로 받아서 쌍갈래의 모가지를 하늘 높이 더 올렸다. 검붉은 피가 뚝뚝 뻘어지는 그 여학생은 시퍼런 두 눈을 그래도 뜨고 있었다. 곡마단 마장마술같이 기막힌 칼 쓰기 묘기이다.

간이 텅! 떨어지는 소문들이 다시 사방을 휩쓸고 다녔다. 아직도 낙엽이 떨어지는 북만주 서북풍 시베리안 거친 바람은 검고 붉은 피바람, 학살바람 소식을 몰고 다녔다. 밤이면 어느 집이건 피눈물과 분노의 불면으로 호롱불 그림자가 밤새 하늘거렸다.

그 빨간 똥별은 그 효수를 밤하늘 높이 쳐든 채 운동장 가운데로

달려 나오며 고함을 질렀다.

　- 빠가야로! 죠센징 빠가야로!

　그때 청파의 바로 코 앞에서 위급천만의 상황이 또 발생했다. 시위하는 학생들에게 주먹밥을 날라주던 소년들이 쫓겼다. 주먹밥 또는 삶은 옥수수 등은 근처의 용정시장 시민들이 급히 만들어 가져온 것이다. 물이 없어도 꿀맛같이 목구멍에 그대로 넘어갔다.

　도망가는 그 소년 뒤를 따라가며 군도시를 휘두르는 기마대를 쫓았다. 그 장면을 본 청파는 소년 손을 잡고 반대편으로 달려갔다. 옆쪽으로 달려가는 청파를 기마 헌병이 일본도로 내리쳤다.

　그때 몇 명의 타학교 지도층 동료들도 달려와 싸웠다. 그러나 집단적으로 권총을 쏘며 몰려드는 기마대에는 도저히 대항할 수가 없었다. 홍콩 이소룡같이 공중을 휘저었지만 중과부적이다. 더구나 맨손으로 권총과 긴 칼을 어떻게 당해낼 것인가.

　1920년대 봉오동전투, 청산리전투 등에 가슴을 쓸어내린 괴뢰 만주국 장출의 일본총독은 1930년대에 와서 더욱 가열차게 한국독립군 토벌에 날뛰었다. 이곳 용정 남쪽 간도 총영사관을 육박하여 만주 일대 각종 한국독립군들 계보와 명단을 벽에 크게 벽화로 그려놓게 하고 매일 잡아들였다.

'장백산 밑 비단 같은 만리낙원은, 반만년래 피로 지킨 옛집이어늘,

남의 자식 놀이터로 내어맡기고, 종 설움 받는 이 뉘뇨

우리 우리 배달나라의, 우리 우리 자손들이라

가슴치고 눈물 뿌려 통곡하여라, 지옥의 쇳문이 온다'

독립군가인 신흥무관학교 교가가 울리기 시작했다. 그 합창소리는 노래인지 절규인지 모두가 주먹을 휘두르며 장중하게 운동장을 휘어잡았다. '장백산 밑 비단 같은 만리낙원은~' 계속 반복되었다. 이 군가는 원래 미국 군대의 행진곡 'Marching Through Georgia'이다. 선교사들에 의해서 세계 곳곳에 퍼지면서 당시 신흥무관학교에서도 곡은 그대로 놓고 가사만 개사하여 교가로 사용하였다.

이 군가가 만주일대 독립군 부대에서도 각각 개사하여 '용진가' 등으로도 불렀고 나중에는 상해 임시정부에서도 정식 군가로 일부 채택하였다. '요르단강 건너가아 만나리~' 찬송가도 피맺히게 선창되었다.

　— 야, 일단 작전상 뒤로 튀자아!

　— 우와, 우리 학교 청파 회장이다아, 살리자아!

다행히 철조망 주변에 있던 청년들이 낫, 쇠스랑 등을 들고 청파가 포위되어 있는 곳으로 몰렸다. 여학생과 아주머니들은 돌멩이를

한꺼번에 집중적으로 날려주었다. 덕분에 긴급하게 튀었지만 청파는 옆구리 갈빗대 쪽에 군도시를 길게 맞고 쓰러졌다.

― 아, 이렇게 황천이란 곳에 가는구나.

고향에 계시는 어머니가 달려오는 모습이 보이는 것 같다. 그리고 기절하여 쓰러졌다. 눈을 떠보니 어느 집 황토방이다. 일어나려고 했으나 강력 뽄드로 등허리를 방바닥에 붙여놓은 것 마냥 몸이 움직여지지 않았다.

― 아, 아자씨유? 정신이 좀 드나요? 우선 이 멸칫국을 마셔보시유....

― 정말, 가는 줄 알았시유, 벌씨루 사흘째 눈을 안 뜨더라꼬 잉,

― 지가유 아자씨 아니몬 벌시루 팍! 죽었당께유....

청파는 언뜻 며칠 전 기억의 파편들을 맞추어 보았다. 여성들 치마조각을 가위로 잘라 감았는지 머리에는 붉은 헝겊으로 뺑 둘러쳐져 있다. 그때 철조망 바로 코 앞에서 달아나던 그 소년인 것 같다. 코 앞에 앉아 멸치국 사발을 두 손으로 받쳐들고 있다. 다행히 그때 어린 소년이 별로 다치지 않고 잘 피했고 대신 청파가 옆구리에 칼을 맞은 것이다.

― 여기가 우리 돼지 국밥집 점포에요. 이 옆구리가 아물 때까지 우리 집에 기냥 기세유,

청파는 억지로 일어나 창밖으로 갔다. 그러나 지하실이어서 캄캄했다. 그 소년의 어머니가 간곡하게 말했다. 소년의 아버지도 겨우 부축하여 옥상으로 올라갔다. 은진중학교 근처 시장동네였다.

이때의 한국사천 모습을 잘 그린 소설가들이 더러 있었다. 당시 최고의 인기를 누렸던 이광수李光洙(1892~1950)의 소설은 일제강점기를 극명하게 보여주는 한국 현대문학의 교과서였다. 그는 1919년 도쿄에서 조선 유학생 대표로 '2·8 독립선언서'를 주도했다. 이 선언이 곧바로 서울 탑골공원의 3.1운동의 기폭제가 된다.

그러자 그는 일제 경찰에 쫓겨 상하이 임시정부로 망명하여 김구 밑에서 '사료편찬위원회' 회장을 맡게 된다. 기관지인 '독립신문사' 사장도 맡아 대한민국 독립의 정당성을 세계 곳곳에 호소하는 한편 독립운동지 '신한청년' 등 주필을 맡아 우리 청년들에게 일제 저항운동을 독촉했다.

'개벽'(1922년)에 민족개조론도 발표하여 '도덕적 타락이 한민족의 쇠퇴의 원인'이라며 우리 민족이 개조되어야 한다고 역설하였다. 그리하여 수양동우회(1937년) 사건으로 투옥된다. 그러나 그 이후, 친일 어용 문학단체 '조선문인협회' 회장이 되어 변절되는 두 얼굴의 야누

스가 된다.

일제는 한국문학가들의 대부인 이광수의 옆구리에 얼마나 칼질을 했던지 그는 심지어 창씨개명하여 가야마미쓰로 香山光郎 이름으로 일본 황민화 운동에 앞장섰다. 우상으로 바라보던 우리 국민들에게 절망의 거미망도 던져 주었다.(매일신보 1940년)

이광수, 최남선, 홍명희는 당시 한국의 3대 천재로 내세웠다. 춘원은 순한글체로 한국 현대문학의 첫 뚜껑을 열었다. 현대소설의 효시로 '유정'有情을 발표한 이후 '흙, 재생, 마의태자, 단종애사' 등 약 50여 편의 민족소설을 발표한다. 토종 한국소설을 지속적으로 발표하면서 '만인의 연인'이라고 청소년들의 우상이었다. 또한 영어권 소설을 한국어로 번안도 했다.

'동아일보' 편집국장(1923년)과 '조선일보' 부사장(1933년)이 일제강점기 가장 치열한 시기에 한국언론을 대표하면서 항일 독립운동가들의 활약상을 지속적으로 보도하다가 소속 신문사가 폐간당하기도 했다.

1945년 '백범일지' '안창호의 일대기' 등 책임자로 선정되기도 했으나 6.25 때 서울에서 강제 납북되었다가 1950년 만포에서 병사한 것으로 확인되었다. 만포는 압록강 연안도시로서 맞은편이 중국 지안

集安이다. 바로 1920년 청파의 막내 삼촌 신동균 독립투사가 강제로 수장된 지역이기도 하다.

홍명희는 '임꺽정'을 발표하고 북한으로 튀었다. 그는 김일성에 의해 평양에서 부수상까지 올랐다. 그러면서 당시 월북문학가들 약 1백 5십여명을 숙청하는 데 앞장섰다. 그때 임화, 김남천, 정지용 등이 미군의 스파이라는 누명으로 참화를 입었다. 한국 대표적인 시인으로서 남한에선 서정주, 북한에선 정지용을 꼽았다.

+ 신광렬이 다닌 동흥중학교

청파의 수형번호
1679호

+ 신광렬(신호) : 3.1절 11주년 항일사건으로 서대문형무소 투옥기사

5. 청파의 수형번호 1679호

1930년 3월 5일 동흥중학교에서 '제3차 용정시 항일운동 대형폭발' 사건이 터졌다. 오후 1시쯤 되자 동흥중 운동장에는 약속이나 한 듯이 시내 7개 중학교 학생들이 하나 둘씩 모여들기 시작했다. 모두가 굳어진 무거운 얼굴이었다. 당시 중학교 학생들은 지금과 달리 20세 전후의 나이를 가진 청년 학생들이었다.

심상치 않은 분위기이다. 일제 군국주의 살인적 식민정책이 결국 만주 일대 한인사회에 휘발유 불을 당긴 것이다. 결정적인 뇌관은 국내 광주시 충장로 '광주학생운동' 11주년 기념식 소식이 만주 일대에도 즉각 전달된 것이다.

어떤 조직이나 정치이념이 전혀 없이 순수한 학생과 시민이 합세한 것이다. 용정 교외의 농민, 어민들까지 적극적으로 가세하여 연일 대폭발로 확산되어 갔다. 휘발유 통에 기름을 더 쏟아부은 것이다. 그래서 제3차 항일운동은 그 이전의 제1-2차 간공사건과 확연하게 구분이 된다. 주도세력이나 시위목적 등 역사적 이념이 전혀 달랐다.

멀리 산등성이가 희미하게 보인다. 빈센트 반 고흐의 해바라기 그림이 프랑스 인상파의 끔찍한 핏빛 프리즘으로 돌변하는 것 같다.

그것은 또한 그의 대표작 '별이 빛나는 밤'의 집단 변태관음 광기 같기도 했다. 고흐도 1889년 생레미의 정신병원에서 극심한 정신병으로 밤하늘에서 분수가 도는 것 같은 소용돌이를 그렸다.

일제 헌병들도 오랜 전쟁으로 인해 집단학살 광견병에 헤매는 것 같다. 간도총영사관 헌병들이 온 용정시내를 샅샅이 뒤지고 다닌단다. 청파가 이곳에 숨어 있다는 것이 발각되면 이 멸치 국밥집도 온전하지 못할 것이다. 멀리 은진중학교 마당 한복판의 효수가 보이는 것도 같다. 아직도 칼바람에 이쁜 쌍갈래 소녀의 머리털이 휘날리고 있을까.

만주에서는 평소에도 효수를 자주 본다. 한인촌락 마을에는 한족 마적떼들이 툭! 하면 기습하여 마을을 불지르고 양식을 약탈해간다. 부녀자들은 함부로 집단강간을 일삼고, 독립군이나 마을 청년들을 색출하여 깃발 같은 효수를 마을 입구에 나란히 걸어놓기도 한다.

용정은 물론 연길, 훈춘 등에도 수 천 명의 학생들과 농민들이 폭발되었다. '일본 살인적 제국주의를 타도하자!' 격렬한 시위가 전개되었다.

항일운동은 그 이전부터 만주일대에서 산발적, 지속적으로 일어나 간도총영사관에서는 예의주시하고 있었다. 그러다가 이듬해 봄이 되자 시위는 더욱 거세어졌다. 동흥중, 대성중, 명신여자중 등 민족주의 성격이 강한 학생들 심지어 소학교 학생들까지 약 1천여 명 이상이 매일 거리를 흔들었다.

'일본 제국주의 늑대들 도쿄로 물러가라!'
'대량살인 학살범 히로히토 처형하라!'

'함경남도 혜산진경찰서에서는 결국 청파(申號, 신현표)를 검거하였다. 간도총영사관의 엄중한 취조 중이라는 것이다. 탐문한 바에 의하면 멀리 간도에서 온 수배자로 확인한 것이다. 이것이 제3차 간도항일운동 사건으로서 청파에 관한 특보 기사이다'(* 중외일보)

친구가 넣어준 신문 '중외일보' 신문을 쥐고 청파는 바르르 떨었다. 1930년 4월 26일자에 '신호'(신광렬) 이름이 대문짝만하게 나왔다. 깜짝 놀랐다. '분명 내 이름인데도 전혀 타인 이름 같이 낯설기만 했다. '신호'라는 글자 위에 내 엄지손가락을 대어보았다. 아직도 발바닥이 떨린다. 우선 가족들 안위가 걱정이 되었다'

약 10년 전 1919년 신동균 막내 삼촌이 가족들 보는 앞에서 살결이 갈기갈기 찢겨서 압록강에 수장되었던 기억이 떠올라 더욱 불안

+ 1930년 1월24일 김좌진 피살지 금성정미소 (흑룡강성 목단강시 해림시 산시진)

했다. 항일운동으로 피체된 내 이름이 이렇게 언론에 공개되면 우리 마을 인민위원장 탕 아저씨가 또 아버지, 어머니 그리고 정신이상까지 돌변된 누이동생에게 무슨 위해를 가할지 모르겠다.

더구나, 신홍균 둘째 삼촌이 나로 인해 더욱 불리하지 않을까 하는 생각이 미치자 또 다시 귀에서 이명이 터졌다. 머리를 재봉틀로 박아대는 고통이다. 머리를 쓸어잡고 뒤로 쓰러졌다. 신홍균 삼촌은 그때 제삿날 사건 이후 약 8년간이나 일체의 연락을 끊었다. 가족들에게 피해가 가지 않게 철저하게 차단시켜 버렸다. 그러나 우리들은 필시 삼촌이 잡혀서 어디선가 총살을 당했을 것이라며 제사까지 지냈다.

4월 26일 간도총영사관 경찰국에서 혜산진에서 끌려온 청파가 첫 번 취조를 받았다. 그들 중 가장 강력한 주동자 약 57명을 다시 색출하여 서울 서대문형무소로 이첩시켰다. 이때 청파의 수형번호는 '1679번'이었다. 책1권 분량의 두터운 항일운동 조사 내용을 청파는 당당하게 확인하고 신원조사서에 인장을 찍었다.

- 1679번! 당신이 그 유명한 한의사 신호申琥(신광렬)인가?
- 네 맞습니다! 유명하진 않고 주로 산속의 독립군들을 치료하고, 무자비한 마적 떼들에게 다친 마을사람들을 진료해 주었습니다.
- 가족은 몇 명인가?
- 조부모님, 양친 어른 두 분, 그리고 저희 부부와 아이 둘, 여동생 하나 해서 모두 9명이 한집에 살고 있습니다.
- 재산은 어느 정도인가, 구체적으로 말해라!
- 불법적인 식민지 강점을 하고 있는 일본 제국주의에 저항하여 조국의 독립운동을 하는 민족주의자 청년인데 무슨 재산까지 굳이 밝혀야 합니까? 난 모르겠소!

― 이 빠가야로!

또 긴 군도시를 칼집에서 빼 들었다. 일본 수사관보다 더 악질은 한인 보조 경찰이다. 녀석은 상관의 군도시를 마치 자기 칼인 것같이 툭하면 칼을 빼어서 머리털을 날려서 겁주거나 칼을 거꾸로 쥐고 등허리를 긁어대기도 했다. 그때마다 면도날에 생선회칼 치듯 가느다란 핏물이 바닥에 떨어졌다.

― 이 새끼야, 내가 누군지 알아? 아직 어금니에 밥알이 씹히는구먼. 또 통닭구이 좀 해볼까?

그때 옆방 취조실에 어떤 젊은 여성의 비명이 깨졌다. 통닭 고문은 사람을 거꾸로 매달아 놓고 시뻘건 고춧가루 물을 코에 강제로 부어 넣는 것이다. 특히 심장 약한 노인들은 기절하여 그대로 저승으로 가는 게 다반사이다.

― 으아악!

청파는 지난주 전기의자에 끌려가 사지 끄트머리가 숯불에 타는 듯한 느낌이 다시 연상되었다. 전기고문으로 손끝 발끝 네 끄트머리 맛이 갔다. 실제로 살 타는 비릿한 냄새가 콧속을 뚫었다. 전기의자에서 내려오면 말초신경이 끊어진 것인지 감각이 없다. 그래서 구석

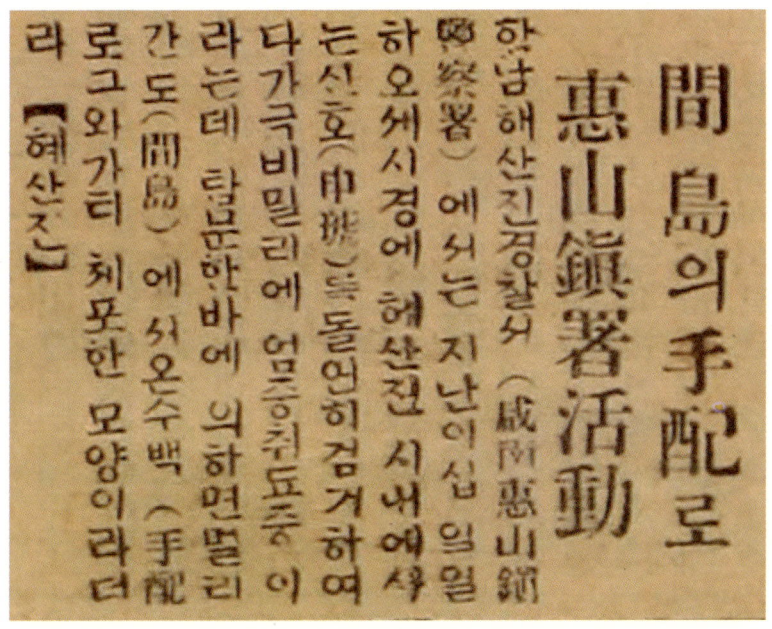

+ 중외일보 1930년 4월 26일 (조간): 지난 21일 하오 3시경 혜산진 경찰서에서는 신호(申號)를 홀연히 검거

의 변기까지 가다가도 그냥 고꾸라지곤 했다.

– 우리 집 재산은 집 1채, 논 5두경, 소 1마리 그리고 총가격은 약 700엔 정도입니다.

그냥 불었다. 또 고문 끝에 어차피 부느니 그냥 저들의 요구대로 들어주자, 다른 방편이 없지 않은가. 그래도 아들뻘 되는 이 일본인 청년 검사 녀석은 좀 낫다.

- 이 새끼야, 너에게 지시한 윗대가리가 누구야,
- 생선 윗 대가리도 없구, 아랫 대가리 없시유, 그냥 우리 동기생들끼리 갑자기 시위가 터진 겁니다.
- 그러면 제3차 은진중학교 대형시위 사건의 그 삐라 뭉텅이는 언 놈이 준 거야?
- 삐라는 우리가 등사판을 밀어서 직접 만든 겁니다.

우리들은 실제 외부 세력과는 관계없이 순수하게 일제의 폭압에서 벗어나기 위한 독립운동 시위를 한 것뿐이다. 청파를 중심으로 은진중학교 등에서 시위를 주동한 것밖에 없다. 벌써 한달째 같은 질문, 같은 내용이 반복이다. 그래서 매일 쓰는 반성문도 별로 달라진 게 없다.

그들이 아무리 고문으로, 폭행으로, 짓밟아도 실체적 사건 이외에는 더 이상 밝힐 내용이 없다는 것을 최종 판단했는지 모리후라 일본검사가 천정에 구멍이 뚫어지게 하품을 하더니 '신호!' 뜬금없이 고함을 질렀다. 요 책상 앞으로 와! 그리고 와락 청파의 엄지손가락을 강제로 끌어다가 붉은 인장에 푹 담갔다.

맨 밑줄을 한번 읽어보라고 했다. '1930. 07. 29. 취조기록 : 조선총독부 검사 모리후라 후지로森浦廓郞' 청파는 일부러 그의 이름까지 일본어로 '모리후라 후라이상!' 라고 소리치자 그는 눈알이 똥그래졌다. 조롱하듯 이름 끝에 일본어 존칭어 '상'(씨)까지 붙였다. 청파가 일본어까지 한다는 사실에 놀란 모양이다. 그러나 그는 일어는 물론 중국어도 유창하게 구사한다.

- 야그야! 다시는 이런 곳에 오지말그래이...
  일어로 말하며 악수까지 청하는 게 아닌가.
- 좃도맛데구다사이, 사요나라 꼬레 후라이!

일부러 일어로 비꼬아 답변하자, 그는 자기의 이름 후지로상 후라이씨로 농담하는 줄 알고 어깨까지 다정하게 쳐주었다.

이전에 취조하던 조선인 앞잡이 수사관은 툭! 하면 뺀치로 손톱을 하나씩 뽑아내었다. 으으윽! 의자 위에 청파의 손바닥을 엎어놓고 그냥 쌩으로 손톱을 빼는 것이다. 잘 나오지 않자 뺀치를 이리저리 돌리고 돌려서 빼는 것이다. 손톱이 반쯤 살점과 함께 뜯겨져 나오면 온바닥이 핏물로 흐른다.

그 앞잡이는 입술 끝에 일본산 고급담배를 꼬나물고 장난하듯 뽑았다. 그 샛노란색 담배연기는 양귀비 아편이다. 청파는 한의사이기

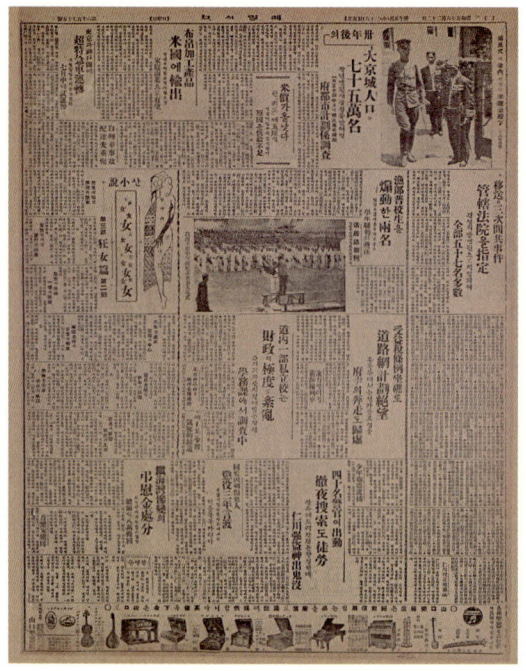

+ 매일신보 1930년 5월 26일

때문에 냄새만 맡아도 어느 지역 아편인지도 대번 안다. 그 앞잡이는 권총같이 여러 가지 뻰치를 가죽띠에 달고 다닌다.

서대문형무소 독립투사 죄수들은 그 뻰치만 멀찍이 보아도 이빨에 땀이 난다. 그 악질에게 한번 달려 나갔다 오는 죄수들은 그날 밤이면 꼭 악몽 잠꼬대로 허연 땀을 흘리곤 했다.

모리후라 검사 또한 초고속 승진해온 청년 검사이다. 특히 한반도 조선총독부 검찰부에 첫 발령을 받아 독립투사 조지는데는 탁월한

+ 신광렬 주모자 등이 형을 마치고 서대문감옥소에서 석방된 사진 (중외일보 8월 3일 석간)

능력과 실적을 발휘했다. 한국에 파견된 지 3년도 채 안 되어 차장검사까지 뛰었다. 그 녀석은 심리전을 잘 썼다. 죄수들이 잘 불지 않으면 그 가족들을 잡아와 바로 코 앞에 앉혔다.

  아내 또는 큰아들 얼굴만 보아도 가슴이 철렁! 내려앉았다. 그래도 안 불으면 가족들이 보는 앞에서 린치를 가했다. 시뻘겋게 달군 인두로 뺨, 손등, 발등을 함부로 지졌다. 그래도 독한 독립투사들이 눈을 꽉 감고 안 보고, 안 불으면 그들의 딸이나 아들들을 인두로 지졌다. 고도의 심리전이다.

그래도 고집부리는 죄수들은 별로 없었다. 인간 코브라, 칠점사 독사들이다. 어떻게 인간이 인간을 고문할 수 있는가? 그러면서 그들은 퇴근 후, 가족들과 밥상에 앉아 우주와 진리에 대해, 양심과 도덕에 대해 다정하게 웃고 떠들고 할 것이 아닌가?

- 야, 개시키덜, 빨랑 기어나왓 빨랑 빨랑 움직여!
- 사물함도 가지고 나오란 말야, 시키야!
- 신호, 이 새끼야 너두 기어나와! 머해?

간수들은 말의 시작과 끝이 항상 개새키!를 혀 끝에 달고 산다. 아침식사도 하기 전인데 마당으로 불러내었다. 사형장으로 가는 것인가? 그동안 사형수들은 대개 이런 식으로 연득없이 불려서 나가면 돌아오지 않았다.

- 오늘은 바로 요 앞 인왕산 목공소에 가서 작업하기루 항거 아녀?
- 비도 오는디 우째 불길한 예감이 드는디..... 아침밥도 안즉 안 주넹?
- 그캐 말여, 이 쪽제비덜 하는 일이 다 그렇제, 지랄같이 말여 잉,

- 근디 내 이름은 와, 안 부르노? 좋은 일인지 나쁜 일인지 느기미?

같은 방 동료 **빡빡**이 대머리가 발목에 채인 쇠고랑을 질질 끌며 청파에게 다가왔다. 뜬금없이 호명당한 일부는 멍해 있다가 간수 조장에게 정강이를 얻어채였다. 아그그! 청파는 그때서야 생각난 듯 다시 깜방 안으로 들어가 우선 칫솔부터 챙겨나왔다. 사물함이란 게 뭐가 있는가, 칫솔 외엔 전혀 없다.

사형장에 가서 밧줄에 매달리더라도 마지막으로 이빨만은 깨끗이 닦고 가야하지 않겠나? 염라대왕 앞에서 인터뷰할 때만이라도 어금니 썩은 똥냄새 풍기지 말아야제. 황량한 산골짜기를 누비고 다니며 독립운동만 하던 청년들인데 사물함이 뭐가 있겠는가.

거의 다 맨손으로 구령에 맞추어 한나아, 두울, 세엣…… 하며 한쪽 다리를 심하게 저는 조장 간수의 엉덩이만 보고 따라갔다. 늘 가는 보급소 창구 앞에 딱! 멈춰섰다.

- 야, 신호 시키! 맨앞으로 나왓!

호명하는 차례대로 나갔다. 빵 급식표 같은 무슨 기차표 같은 걸 주었다. 앞뒤로 자세히 뒤집어보니 바로 집으로 가는 반할인 기차표

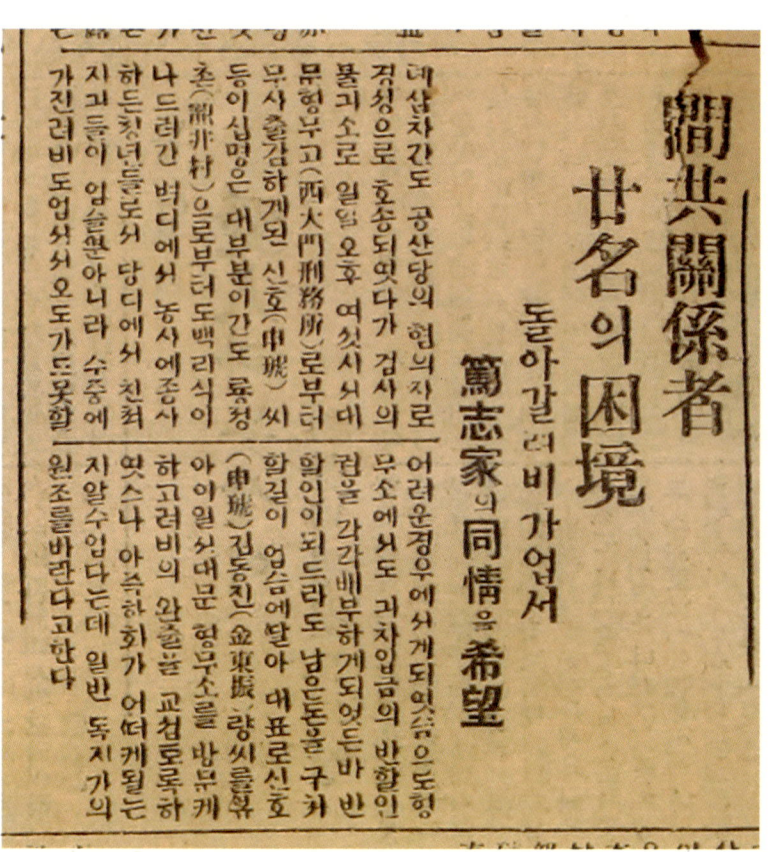

+ 석방된 신광렬(申珖)가 독립운동가들이 고향으로 돌아갈 차비를 모금함

가 아닌가? 아니 살다보니 이런 수도 있넹, 기차 타고 고향으로 가라는 긴가? 아닌가? 사형장은 분명 아니넹....

급식소 앞 약 20명이 서로의 뺨을 쓰다듬으며 야, 무지 고상했다이! 서로 위로했다. 우선 마지막 눈물 이슬 떨어지는 사형장이 아니라, 가족에게 돌아간다는 석방이라는 것이 도저히 실감이 나지 않았다.

어쩐 일인지 모질고 모진 모리후라 검사가 신호(청파)를 최종 불기소 처분한 것이다. 덕분에 고향 앞으로 까앗! 아닌가. 뒤돌아보면 사실 신호는 일제 기마대 헌병들에게 대항하여 시위한 것뿐이다. 용정 시민이나 초등학교 어린이들을 위해 그들의 보호막이 되어준 것뿐이다.

불령선인 가족 위험인물 지적은 맞다. 더구나 신굴은 아직도 국가적 살해지목범 제2호이고, 신동균 막내 삼촌은 그들이 직접 압록강에 수장시킨 기록이 있기 때문이다. 또한 오랫동안 항일운동을 비밀리에 해온 것만은 사실이다. 국가와 민족의 독립을 위해 시퍼런 청년들이 당연히 해야 할 일이 아닌가. 만약 일본이 러시아 식민지가 된다면 의식 있는 일본 청년들은 어떻게 하겠는가.

– 야, 똥간나이, 개시키덜아, 빨랑 꺼져뿌리! 다시는 여게 오지 말 그래이!

늘 독일 불독 같았던 조선족 간수부장의 희미한 미소를 그때 처음 본 것 같다. 멧돼지 같은 그는 우리가 사라질 때까지 뒤돌아서서 손까지 흔들어 주었다. 서대문형무소 지옥 같은 계단을 내려왔지만 당장 갈 곳이 없었다. 아니 아침밥조차 먹을 곳이 없었다. 다들 땡전 한푼 돈이 없으니 어디가서 요기할 것인가?

- 일단 우리 낙원동으로 갑시데이, 그곳에 나의 임시거처가 있어요.

청파가 앞장서서 깜방 동료 김동진과 함께 낙원동 교동여관으로 갔다. 모두 별수 없이 서대문형무소에서부터 낙원동까지 무작정 걸었다. 대부분 중국 용정일대 산골 촌놈들이라 서울시내를 둘러보고 눈이 똥그래졌다.

- 여기 좀 기다리구들 있수구레, 내가 어캐 돈을 좀 변통해 올테니까. 기다리라우!

청파申曉는 김동진과 함께 우선 낙원동 탑골공원 일대를 돌면서 호소하기 시작했다. 청파는 늘 모든 일에 앞장섰다. 시위할 때나 독립운동할 때나 그리고 이렇게 동료들의 생존문제 위험에 부딪힐 때나 먼저 해결하려고 했다. 다행한 것은 한의사 집안이어서 전국 어디를 가나 한의원 집부터 들어가 전후사정 이야기를 했다.

'우리는 용정에서 3.1만세 운동하다가 잡혀왔어요. 지금 서대문형무소에서 막 풀려났습죠. 그런데 고향 북간도 용정으로 갈 차비조차

지금 없어서 막막합네다.'

　자초지종을 설명하고 동료 한의사로서 도움을 부탁했다. 대개의 한의사들은 민족의식이 강했으며 지식인들이라 잘 수용해 주었다. 어떤 원장은 지붕 밑에 숨겨놓은 뭉칫돈도 꺼내주었다. 조선이나 만주나 어디든 한의사들은 대개가 민족의식이 강했다. 한의학 자체가 전통사상 민족의학이어서 자의식이 강해질 수밖에 없는 것이다.
　특히 중국의 우리민족 한의원 또는 한약방 등은 독립투사들의 연락망이었고 군자금 재원이었다. 그래서 국내외 한의사들끼리는 처음 만나도 형제같이 가족같이 서로 도와주었다.

- 어떻게 우리 독립투사 동포들 약 20명이 되는데 좀 도와주시겠어요?
- 엉, 오늘 아침 조간신문 호외에 나온 사람들 아니야?
- 맞았어! 만주 독립군이야. 자아 여기 우리덜 주머니 좀 털어봅시다!

　김동진 등은 근처 동대문 시장도 돌았다. 어렵지 않게 모금이 되었다. 한의원은 물론이지만 큰 가게들마다 헤매고 다녔다. 제3차 은진중학교항일 독립운동가들이 서대문형무소에 갇혀서 고생한다는 사실이 언론보도를 통해서 대개들 잘 알고 있었다.

청파와 김동진의 위 아래 양쪽 주머니가 빵빵해졌다. 더 이상 들어갈 틈이 없자 다시 교동여관으로 돌아와 그 돈을 방바닥에 다 쏟았다. 그리고 20명에게 똑같이 배분해 주었다. 다행히 불기소로 석방된 청년 독립투사들은 대부분 용정촌에서도 훨씬 더 들어간 밀산 등 벽지에서 농사만 짓던 시골 청년들이었다.

형무소 당국에서는 반할인 기차표까지는 내주었지만 나머지 반할인은 돈이 없어서 기차를 탈 수가 없었다. 자칫 고향에도 못 갈뻔했으나 청파의 노력으로 고향가족을 보게 되었다. 이러한 사실이 또 중외일보 등 일제히 보도되어 전 국민의 눈물을 자아내기도 했다.

청파는 한성에서 신의주로 가는 기차간에서 '수형번호 1679'가 시뻘겋게 찍힌 모리후라의 석방이유서 판결문을 다시 펼쳤다. 1930. 3. 5 혜산진에서 피체되어 이렇게 자유의 몸이 되기까지 지옥같은 고문의 긴 시간을 보냈다. 제일 먼저 어머니가 생각났다. 아, 가족들은 나로 인해 또 얼마나 노심초사하며 절망에 빠져 있을까?

어머니는 제발 나만큼은 독립운동을 못하게 했다. 내가 평산 신씨 제33세손으로서 대를 이으려면 씨가 하나는 남아 있어야 되지 않겠느냐는 호소였다.

    더구나 신동균 막내 삼촌이 헌병들에게 잔혹하게 살해당했던 기억을 떠올리면 또 어금니가 흔들리는 이명이다. 머리를 크게 흔들었다. 다시는 기억하고 싶지 않은 악령들이다.

    청파는 억지로 평소에 외우고 다닌 '동의보감' 구절들을 외웠다. '기가 통하면 통증이 없고, 기가 통하지 않으면 통증이 온다'(氣通而不痛症, 氣不通而痛症) 아주 단순한 내용인데도 가장 기본적인 한의학 철학이다. 즉 기氣철학이다. 평소에 암송하고 다닌 구절들을 중얼거리면 마음이 다소 안정된다.

+ 대전자령전투 산길 (2019년 촬영)

대전자령전투
대승첩

6. 대전자령전투 대승첩

지청천의 대전자령전투는 광주 학생시위 운동이 계기가되어 북만주 용정에서 3,1절 11주년 학생시위 운동이 터진것이 주요계기가 되었다. 이때 시위를 주동하던 신광렬申號 등이 체포되어 서대문형무소에 갇혔다가 석방되어 나온 이후이다.

1931년 이듬해 일제에 의해 조작된 만주사변이 발발하며 꼭두각시 만주국이 성립된다. 만주일대에 증강된 일본군에 대항하여 김구는 1932년 4월 29일 윤봉길의 홍커우공원 도시락 폭탄을 지휘하며 그들의 간담을 써늘하게 한다. 1933. 06. 30. 지청천장군이 이끄는 대전자령전투大甸子嶺가 절정으로 치닫게 된다.

1920년대 봉오동전투, 청산리전투 이후 약 10년 만의 쾌거이다. 이순신의 명량대첩 같은 감동이다. '아직도 한국과 한국인은 이렇게 시퍼렇게 살아있다!' 세계 곳곳에 보여준 벤허 영화 같은 장면이다. 항일 독립운동사 3대 대첩 가운데 하나로서 육사 교재에도 올라가 있다. 중국 국민당 장제스 정부는 이때부터 한국독립군을 적극 지원해 주기로 결정했다.

그래서 1930년대는 일제에 의해 '조작된 아시아의 시간'이 되었다. 바로 전해 1929년 미국은 대공황으로 유럽 시장까지 쓰레기통 주식

폭락 장이 되었다. 남의 나라 땅 아시아를 챙겨볼 시간도 없었다. 반사이익을 극대화한 일본 제국주의는 중일전쟁 전리품으로 만주를 덥썩 씹어먹었다. 급팽창한 일본의 아시아 마작판 시간이다.

역사적인 '대전자령전투' 전야제이다. 1933년 6월 25일 한중연합군은 숙명의 대전자령 영마루에서 만나기로 하고 각자의 부대에서 출발했다. 한국독립군 지청천장군 부대와 중국 길림 구국군 시세영 부대의 합동연합군은 치열한 작전지역으로 달려가는 것이다.

지청천장군에게 절체절명의 첩보가 하나 날아들었다. '일본군 19사단 소속 간도 파견군이 연길현으로 급박하게 철수한다'는 짤막한 한마디를 무전병에게서 보고 듣는다. 일본군은 이케다 신이치池田信吉 대좌가 이끄는 약 1600명 연대병력이다. 그들은 라자구羅子溝에서 연길현 방면으로 이동하고 있었는데 왕청현으로 가려면 반드시 거쳐야 하는 죽음의 길목이 바로 대전자령 험악한 고갯길이다.

한중연합군은 양쪽 협길 산골짜기에 미리 매복했다. 연길현 북쪽은 시베리안 흑풍이 계절에 관계없이 무당 칼날로 폭풍우 친다. 한여름인데도 면도날 같은 서북풍이 모가지를 스치면 사시미칼에 베이는 것같이 가죽이 벗겨지는 것 같다. 거기에 까오비사막 모래알이

동시에 기습하여 콧속, 눈썹에 진드기같이 달라붙는다.

한국독립군 부대장 지청천장군과 조경한 참모장의 뒤를 바짝 따르던 신홍균申烘 한의사 군의관이 군수품 조달문제를 다시 논의했다. 부족한 채로 급히 출발했기 때문이다.

"병사들 식량보급 문제는 어캐 진행되는 기야?" 전장에서의 병참보급은 총알보다 더 중요한 생명줄이다.

"시세영 중국군 장군이 염려말라고 했슴다!"

약 3일간 100㎞를 행군하여 6월 28일쯤 대전자령근처 노모저하강에 도착할 수 있었다.

이튿날 새벽부터 대전자령 요새에서 지청천장군은 참모회의를 소집했다. 동·서·북 3개의 산봉우리와 골짜기 곳곳의 진지 참호와 총알, 화살 등 꼼꼼이 검열했다. 각 부대별로 지역배치를 재점검하고 특히 군장비 등 불발이 없도록 특별 지시를 했다. 소금물 묻힌 주먹밥 등 만반의 대작전 준비를 다시 점검했다.

조경한 참모장과 신굴(신홍균) 군의관 등 지휘관들은 밤새도록 진지를 돌아다니며 졸음에 잡힌 병사들을 일깨웠다. 서쪽 하늘의 검은 구름도 보였다. 절벽 가까이 참호 등은 이동시키도록 하는 등 내일의 치열한 전투에 대한 준비이다. 모두가 조국의 독립과 가족을

+ 40–50리 협곡 길이 계속 이어지는 대전자령

위해 목숨을 바친다는 비장한 각오로 재다짐했다.

이제까지는 소규모 게릴라전이 많았지만 이렇게 연대급 전쟁은 많지 않았다. 더구나 이번 대전자령전투는 한중연합군 합동작전으로 세계전쟁사에서 '20세기 가장 치열한 아시아전쟁'의 항목으로 새롭게 획을 긋게 되는 전투이기도 하다.

당시 동북지역 중국 봉천군벌은 공산주의자 장쮜린張作霖이었으며 그 뒤를 왕떠린王德林 - 쩌우보중周保中 - 쓰시잉柴世永으로 계보가 내려간다. 장쮜린 총사령관은 1928년 일제에 의한 열차폭파로 생명이 끝났다.

일본군사령부에서도 그동안 한중합작 항일연대의 코브라 같은 저항과 살모사 전투력으로 주춤한 상태이다. 더구나 이번에 동북지역 항일연군에 대한 피해가 많아서 일부 부대를 재편성 철수시키는 중이다. 그만큼 일본군 도쿄 총사령부에서는 고민이 많았다.

그러나 의외로 큰 문제가 터졌다. 철수할 것인가, 말 것인가 선택이다. 대전자령에서 노심초사하며 기다렸지만 보고 싶은 노란 계급장의 일본군 대부대가 3일이 지나도록 전혀 기미가 보이지 않는 것이다. 예측이 어긋났다? 정보가 새어나가 다른 곳으로 이동하는가? 거짓 정보였나? 한중 양국 군대 지휘부는 서로 의심했다.

- 여기 대전자령 코브라 길은 백두산 서파 삼지연 정상에 올라가는 것보다 절벽이 더 심한 것 같아, 오늘이 며칠이지?
- 6월 25일 아닙니까, 지도를 보니까, 저 너머가 동서검자인 것 같아요.
- 중국 길림 구국군 어디쯤 왔단가?
- 오늘 아침에 쓰시잉柴世永 부대장과 무전을 쳤는데 아마 사흘 후에나 노모저하에 도착할 것 같다고 합니다.

평소에도 연합군은 티격태격 해왔다. 특히 시세영(쓰시잉) 길림

구국군 부대는 중국군 정규군 부대가 아닌 자연발생적 지역부대였다. 동북지역 농민들이 오랫동안 항일전투 경력을 쌓으며 자생적으로 생겨난 토벌부대이다. 그래서 그 부대는 마적단 출신도 많아서 성격이 매우 거칠다.

그러나 어쩌랴, 여기는 남의 나라 땅, 주권이 없이 임시로 세들어 사는 한인들이다. 일제에 대항하여 같이 목숨 건 항일전쟁을 하면서도 내부적으로는 갈등이 심했다. 국제간의 대립뿐이 아니라 이념간, 민족간 대결도 잠복되어 있다. 우리민족 내부 한인들 사이에도 반목이 피칠되었다. 특히 북만주 용정일대 '동만공산주의연맹'의 칼질이 잔인했다.

김좌진 장군도, 김중건 대진단 단장도 공산주의자들에게 피살당한 게 아닌가. 야전사령부에서는 어디 이런 일이 한두 번인감? 어떤 장교는 권총을 뽑아 들고 지청천장군에게 직접 대드는 놈도 있다. 독립운동한답시고, 청운의 뜻을 품고 처자식들을 버리고 이곳 만주로 달려왔지만, 황량한 이국 산하는 현실은 살벌하고 황폐하다. 참담하다. 그렇다고 최고 책임자가 약해 보이면 안 된다.

— 이봐, 중국군 사령부에 다시 연락혀 봐! 대관절 어캐 된거야?
— 쓰시잉 길림군 부대장에게서도 역으로 무전이 왔습니다. 우리의

위치가 일본군에게 사전 발각되었는지 모르겠다며, 오히려 우리에게 화를 버럭 내더군요.

- 그 친구는 원래 다혈질이라 문제가 많아, 일본군과 내통했다면 즈그덜이 먼저 했겠지, 왜 우리에게 뒤집어 씌운담.
- 이미 이곳에서 사흘간이나 이렇게 버티고 있자니 이미 식량도 떨어지고 폭우까지 내려서 병사들의 불만이 많습니다.

제1지대와 제2지대장이 작전상황실 CPX 동굴 앞에서 항의하듯 소리쳤다. 그 뒤에는 피를 흘리고 있는 일부 병사들도 몰켜 서 있었다. 신홍균 군의관이 정성껏 치료하고 있다.

- 지 사령관님, 도저히 못 참겠습니다. 싸우려면 뭐 썩은 물이라도 먹여주어야 하지 않겠습니까?
- 후퇴하던지, 아예 부대 해체하던지, 이거 머, 그냥 앉아서 굶어 뒈지라는 겁니까, 뭡니까?
- 우리 지대에는 몇 명이 마을에 내려가 옥수수를 훔쳐 먹다가 뗏놈 시세영 부대원들에게 잡혀서 이렇게 피떡이 되어 왔습니다. 이 병사 얼굴 좀 보세요.
- 그래애!, 어디 한번 참호를 다시 돌아보자, 너거들 지휘관 장교들은 원대 복귀해서 다음 명령을 들엇!

지청천은 이럴 때일수록 더욱 강골기질을 보여주어야 한다며 앞장섰다. 그러나 눈앞에 걷어차이는 현실은 심각하다. 원래 사전 약속에는 현지에 익숙한 시세영 부대에서 식량 및 탄약 등 일부 군수품을 보급해 주기로 했던 것이다. 그러나 그들도 사나흘 비축한 식량이 바닥나자 자기들 부대원 보살피기에도 버겁다. 한인 부대를 챙겨줄 여력이 없다.

폭우로 물이 가득 찬 참호 속의 병사들은 여기저기 거의 시체마냥 쓰러져 있다. 작전현장 참호 속은 그냥 물통이다. 폭풍우를 그대로 맞고 있다. 춥고 배고프고 서럽다. 밤이면 산등성이어서 칼바람이 불알을 그대로 냉동시켰다. 얼마나 혹한인지 일부는 여름인데도 발가락이 동상에 걸려서 반쯤은 까매졌다.

또 다시 '용진가' 퉁소 소리가 어디선가 들렸다. 이 퉁소쟁이 귀신은 5지구대 털보 방송이다. 녀석의 퉁소 곡조는 오줌을 싸게 만든다. 밤마다 들리는 애절한 퉁소는 어머니와 가족들 얼굴을 떠올리게 하는 가슴 찡한 향수를 불러온다. 민족이고 독립이고 다 때려치우고 그냥 고향으로 도망가고 싶다. 초한지 장량의 퉁소 소리는 얼마나 감동적이었는지 적군 병사들이 자기 고향으로 다 튀어버렸다.

한산도 왜적을 쳐서 파하고

청천강 수 수병 백만 몰살하옵신

이순신과 을지 공의 용진법대로

우리도 그와 같이 원수 쳐보세

털보의 퉁소 가락 한 소절이 끝나면 약속이나 한 것처럼 반대편 산골짜기에 매복해 있는 중국군 진영에서도 풀피리 소리가 난다. 북소리에 맞추어 합창하는 풀피리 소리는 밤하늘 북두칠성도 감동하여 춤추는 것 같다.

백두산 상상봉에 깃발이 날고

두만강 둔덕 위에 살기 넘친다

10년 동안 간 칼이 번쩍이는데

금수강산 삼천리에 자유종 운다

- 야! 그만! 때려치워! 빨랑 때려치우지 못햇! 진중의 사기를 죽인다고 조경한 참모가 스피커로 소리쳤다. 그래도 중국 시세영 부대 풀피리 소리는 그치지 않았다. 느기미, 시키딜! 잠도 안 자나? 일부 병사들은 염소마냥 풀만 뜯어먹고 있었다. 나흘간 먹는 것

은 고사하고 참호의 폭우 속에 잠겨 반쯤은 고개만 내놓고 있는 병사도 있었다. 그냥 일단 후퇴하는 게 좋을 것 같다. 조경한 참모장이 순찰 중인 지청천 앞길을 막으며 단호하게 다음과 같이 호소했다.

- 우선 무슨 죽이라도 먹여서 방아쇠라도 당길 힘이 있어야 싸울 게 아닙니까.
- 이렇게 자기 몸도 가누지 못하는 상태에서 무슨 전쟁을 치른다는 거에요.

여기저기 항의가 빗발쳤다. 맨 앞줄의 지대장들이 경렛! 응답을 소리쳤지만 손을 들 힘조차 없어서 그냥 흉내만 내고 있었다. 지청천은 북쪽 정상 제6지대 지대장 지휘소 앞 바위 위에 앉았다. 전쟁에서는 총알보다 더 중요한 것이 밥알이다. 탱크보다 더 중요한 것이 군 사기이다. 맹렬한 사기가 없으면 탱크도 녹슨 강철일 뿐이다. 절망이다. 실망이다. 하늘이여!

독립군들 목숨 살린
검정귀버섯

7. 독립군들 목숨 살린 검정귀버섯

- 사령관니임에게 경레엣!
- 지청천 사령관님! 중요한 보물을 발견했지비
- 대관절 이 버섯 나부랭이가 무슨 보물이야?
- 이게 흰 쌀밥보다 더 영양 가치가 많은 검은버섯이지비! 저 소나무 밑동에서 발견했지비, 빗물에 씻어서 그냥 이캐 그냥 잡수시라우요.

신홍균申䃂 한의사 군의관이 지청천장군에게 검은버섯(목이버섯)을 보여주었다. 얼마나 반가웠던지 고향 함경도 사투리가 튀어나왔다. 그는 신홍균의 손바닥에서 까맣게 빛나는 버섯을 얼른 나꾸어 씹어 보았다. 엉? 목구멍이 향기롭다.

이게 머야? 남아 있는 다른 것도 뺏다시피 얼른 먹었다. 갈걍갈걍 고무줄같이 식감도 좋았다. 엉? 나머지는 주위에 있는 지대장들에게도 맛보라며 나누어 주었다.

- 이게요, 말입니데이, 중국인들 고급 요리에도 들어가는 검정 식이 버섯이지비!

한방에서도 '요기치풍'療飢治風에도 쓰이는 한약재입니다. 조경한 참모장이 주변 소나무들을 가리켰다. 우와와! 지대장과 병사들이 연득없이 달려가 검은버섯을 마구 따먹었다. 사흘간 내린 폭우로 식이버섯은 물 만난 송사리 떼마냥 더욱 싱싱하게 솟구쳤다.

- 요 검정버섯은요 탈장 환자뿐 아니라, 탈골 분골 궁둥뼈 등 뼈 부상자들에게도 특효입니다. 피를 맑게 하고 아교 접착제와 같이 콱콱 뼈끼리 붙여주디유.

마침 곁에 있던 제3지대장도 한마디 끼어들었다. 제대로 된 의료장비나 의약품 없이도 한방은 산야의 풀뿌리를 그때그때 채취하여 말리거나 달여 먹인다. 그나마 지청천 부대에는 신굴 한의사 같은 한의학 전문의가 몇 명 있다는 게 큰 다행이다. 큰 전투일수록 부상자가 팍팍 늘어나기 마련이다.

- 이런 보물들을 왜 이제야 보고하나?
- 검정버섯 특성상 평소에는 작아서 눈에 잘 띄지 않았지라우요! 폭우나 소나기를 맞아야 해바라기가 마냥 부풀어 오릅니다.

우리 민족 시조 마고麻姑할미, 삼신할미 아니 단군 할아버지가 도와준 천재일우의 순간이다. 만약 이 치명적인 순간에 이런 검정버섯이 없었다면 어떻게 했을 것인가. 청년 병사들은 충분한 요기뿐 아니라 가운데 111번지 쏘시지까지 발딱 고개를 쳐들고 일어섰다.

만약 신굴 군의관이 이 검정버섯을 발굴하지 못했더라면 어찌했을 것인가. 한국독립군들은 총 한번 제대로 쏘아보지도 못하고 굶어서 그냥 시체가 되어 갔을 것이다. 지청천은 즉시 전 부대원들에게 식용 검정버섯 판별 방법과 먹는 방법 등을 지시했다. 물론 신굴이 의학적으로 구체적 방법을 안내해 주었다.

총 6개 지대 약 360여명의 병사들이 주변의 산을 싹 뒤졌다. 마침 폭우를 맞아서 자연적으로 세척도 되고 짭짤한 소금 맛도 났다. 시체 쓰레기장에서 벌떡 일어선 기분이다. 지청천은 길림구국군 쓰싱 부대에도 무전으로 전달해 주었다.

몇 시간 후 그들 부대에서도 쎄쎄닌, 쎄쎄닌! 감사가 폭풍우 쳤다. 그들도 오래전부터 신굴(신흥균) 한의사의 유명세를 익히 알고 있었다.

이튿날 역사적인 거사일 1933년 6월 30일이다. 오후 1시경 그들 전방수색대가 사주 경계하며 나타났다. 곧 화물차를 앞세운 거대한 본대가 계곡 입구에 들어오기 시작했다. 아군들은 마지막 꼬랑지 부대까지 완전히 포위망 안으로 들어오기를 숨죽여 기다렸다.

대전자령 고개는 약 50리가량 뻗어나가 있으며 긴 협곡으로 '새을' 乙 자와 같이 꼬불꼬불 꼬부라져 있다. 골짜기마다 험준한 벼랑에 빽빽한 고목들이 가려져 적을 내려다보고 공격하기에는 천혜의 요새이다.

— 이야, 쉬이잇! 노란 별이야, 저것 봐!

일본군 포부대들이 머리를 들이밀고 서쪽 골짜기 입구에 나타났다. 긴 코브라 몸통같이 생긴 거대한 대전자령 정글 속 큰길에 서서히 나타났다.

최근 몇 번의 큰 전투에서 큰 피해를 입은 그들은 도쿄 일본군 총사령부의 지시로 은밀히 압록강을 건너 한반도 영내로 퇴각하는 길이다.

탕! 어디선가 공기를 찢었다. 곧이어 탕, 탕, 탕…. 후라이 팬 땅콩 볶는 소리가 터졌다. 벌건 대낮 1시쯤이다. 검붉은 폭풍우 속에서 사흘 만에 깨끗하게 텅 빈 하늘에서 뜬금없이 콩알빛이 쏟아져 내렸다.

— 어어, 이건 아닌데?
— 큰일 났네요! 뒤에 들어오던 반쯤 남은 일본군들은 다 뒤로 튀어

버리는 거 아니에요.

- 그캐 말여, 야, 무전병 시세영 이 시키 빨랑 대줘!
- 야 이봐, 쓰시잉 장군! 일본놈덜 맨 꼬랑지 부대까지 완전히 다 들어온 다음에 집중포격 하기루 약속한 거 아냐, 이렇게 중요한 때 약속을 지켜야지....

지청천은 독립군으로서 오랜 중국 생활 덕분에 중국어를 잘했다. 쓰시잉(시세영)도 원래 무지한 마적단 출신에 일개 부대장이지만 장군 칭호를 일부러 붙여준 것이다. 그런데 돌아온 회답은 무식한 야지로 놀려대었다.

- 머시키 꼬리야? 너거덜 마음대로 혀! 우리가 먼저 일본군 발견했웅께, 나중에 우리 마음대로 할 거야, 이 꼬리, 죠센징덜아.
- 허어! 할 수 없어! 이 판국에 머리 디밀고 들어온 저 일본군들까지 다 놓치고 말 거야.
- 일시에 공격억!!

일본 간도파견군 부대들도 폭우가 멈추자 드디어 출발했다. 회령 주둔 보병 제75연대 500여 명, 함흥 주둔 보병 제74연대 3개 중대, 산포山砲 2개 중대, 기관포 1개 중대, 야포 2개 중대, 기마대 1개소대 등으로 구성되어 있었다. 보병 포병 공병 기병을 종합편성 막강한 부대이다. 거기에 또 화물차 100여 대, 우마차 500여 대, 자동차 수십 대가 줄을 이었다.

- 지청천 사령관의 손짓에 따라 조경한 참모장의 흰 깃발이 탕!
내리쳤다.

- 우와와!

산 정상 곳곳에서 바윗덩어리가 길을 따라 떨어졌다. 기습작전에 놀라 뒤로 도망치던 일본군들이 결사적으로 항전했다.

총알이 아닌 바위에 가려 오징어가 되는 적군이 더 많았다. 양쪽 협곡에서 폭설로 쏟아지는 크고 작은 돌멩이를 미처 피하지 못한 것이다. 많은 무리이어서 한꺼번에 피하기도 힘들었다. 떼거리로 깔렸다. 그래도 간신히 일어나 도망가는 녀석들은 또 제3지대군 체코 따발 총알에 온몸이 벌집이 되었다.

그러자 일본군들의 대포와 기관단총들이 아군을 향해 무섭게 쏟아졌다. 그들의 한발 앞선 군장비는 반격을 했다. 특히 대포의 위력은 위압적이다. 그 대포에 명중된 산 정상의 한국군참호는 개미굴 폭파되듯이 간단하게 튀었다.

한중연합군들도 바위 공격과 함께 러시아제 장총으로 폭죽을 놓았다. 대전자령 골짜기 전체가 곰보빵이 되는가 싶다. 홍범도 장군

등이 당시 본국으로 후퇴하던 체코 군대에서 러시아제 따발총과 각종 총기 등을 도매금으로 싸게 입수하여 만주일대 독립군 부대에 배부해 주었던 것이다.

홍범도장군에게서 독립군 지원자금을 할당받기도 했다. 특히 상해 임시정부의 김구 주석, 미주지역 안창호, 이승만 그리고 만주로 망명해온 국내 재벌 이시영, 신규식, 김동진 등에게 지청천 부대도 혜택을 받아 대전자령전투에서 막강한 일본군 정규군과도 맞상대할 수 있었다.

- 자아, 이젠 제1-2 지대장들은 즉시 북쪽 산등성이로 가서 포위작전 하라우! 앞질러 달려가서 퇴로를 막으란 말야,
- 제3지대원들은 특별히 적군 지휘부를 집중적으로 갈겨 갈겨억!
- 제5지대장은 예비해둔 돌격대를 이끌고 일본군 부대장을 생포하라우!
- 나머지 부대원들 기관단총들 총동원해서 현상유지 시켜!

조경한 참모장은 지청천 궁둥이를 바짝 따라다니며 확성기로 고래고래 골짜기를 울렸다. 무전병 또한 수시로 지청천의 명령을 각 지대장들에게 무전으로 전달했다. 지청천의 탁월한 포위작전 전략으

로 북쪽 산길로 달아나던 일본군들도 대부분 몰살되었다. 자칫 시세영 부대의 실수로 뒤집어질 뻔했던 전세를 역전시킨 것이다.

검은버섯 덕분인가 몇 배의 에너지가 발광하여 사기가 하늘을 찔렀다. 검은버섯은 공짜에다가 폭우 덕분에 지천으로 깔렸다. 총을 쏘면서 이동하면서도 주변 나무에서 쉽게 따먹을 수 있기 때문이다. 한의사 군의관 신굴에게는 하늘이 내려준 여의주이자 보물이다. 사실상 이번 대전자령전투에서 결정적인 공훈이 되었다.

만약 이 목이버섯 발견이 아니었으면 장병들은 그대로 산송장이 되었을 것이다. 오히려 적군에게 발견되어 역습으로 전몰되었을 지도 모른다. 이때의 감격과 전승으로 조경한은 나중에 한시漢詩를 써서 전 부대원들 앞에서 눈물로 낭송하기도 했다.

한국독립군이 사전에 배정받은 동부지역의 적군은 거의 함몰되었다. 그러나 길림구국군이 담당했던 서부지역은 구멍이 많이 뚫렸다. 즉 서쪽 산 너머로 도망간 일본군 군복들이 산골짜기에 노랑나비 떼 같이 올라갔다.

그들 노란색 어깨의 별들이 황혼에 반사되어 안데르센 동화책에 나오는 것 같다. 프랑스 인상파 작가들의 예컨대 모네의 화폭같이 그 밤나무 줄기 색들이 장밋빛 빨강색으로 역반사되어 빛났다. 핏물

튀기는 전쟁판이 석양빛에 역반사 되는 모네의 화폭이라니?

신굴은 머리를 흔들었다. 그 바람에 얼굴에 총상을 입은 병사의 머리가 땅에 떨어졌다. 신굴은 다시 그 부상병의 얼굴을 자기 무릎 위에 올려놓고 꽉 잡았다. 왼쪽 뺨에 박힌 총알이 어금니에 걸쳐 박혀있었다. 곁의 보조 군의관에게 아편을 조금 꺼내주고 물에 타오라고 시켰다. 약간이라도 마취를 시켜서 검정 총알을 빼내어야 한다.

이 녀석은 천만다행이다. 총알 방향이 가로가 아닌 세로로 약 1cm만 천장을 뚫었다면 급소를 맞고 즉사했을 것이다. 이 녀석뿐이랴, 여기저기 군의관을 부르는 소리가 피 울음이다. 안타까운 영혼들이 지상에서 떠나는 순간들이다.

- 군의관 시키 어디갔어? 엉, 밀주 처먹고 자빠져 있능겨!
- 의무대원덜 다 워디 갔당겨? 이 시키덜 창자를 꺼내어 빨래줄로 줄넘기 할까부당?

한의사 군의관들이 이산 저산 뛰어다니지만 손이 닿지 못하는 곳이 많다. 반나절 총과 대포질로 온 골짜기마다 검붉은 핏물이 다시 넘쳤다. 엊그제는 허연 폭우가 쏟아지더니 오늘은 붉은 핏물로 돌변했다.

조경한 회고록; 신홍균의 검은버섯 관련내용

나중에서야 알게 되었지만 일본군 사령부에서도 뜬금없이 폭풍우가 닥치자 출발을 못하고 3일간 지체를 한 것이다. 결국 한중연합군들은 막대한 전리품을 획득하는 등 대승했다.

이때의 전략 전술이 나중에 중국 군관학교와 한국육군사관학교 교재에도 올라갔다. 조경한은 당시 현장 참모장으로 뛰면서 그때의 전과기록을 '백강회고록'(대전자대첩, 항일무력투쟁의 단면사, 1980)에 다음과 같이 남겼다.

"왕청현 대전자 깊은 골짜기에 반총(飯塚 이즈카, 일본군 부대명)의 이리떼가 지난다기에 계유년(1933) 6월 30일, 동경성에서 정병을 이끌고 불원천리 달려갔네. 높은 고개, 험한 숲 넘고 헤쳐 수백 리 단장의 그 고초를 어찌 다 말을 하리요. (.....) 해와 달 뜨고 지기 석3일 세 차례이건만 기다리는 이리떼는 아직도 보이지 않네. 바닥난 군량은 굶주림을 더하고, 장맛비 차가움 뼛속에 스며든다. 검정버섯 따다가 소금 절여 먹어보니 요기도 되려니와 치풍도 된다누나. 어여쁘다. 이 비방 누구에서 나왔느냐. 그는 바로 군의관 신굴이다. (......)"

또한, 1980년 '군사' 잡지 창간호에도 거듭 신굴의 결정적 역할을 올렸다.

44 · 大甸子大捷

大甸子 큰 승리에 부쳐

나라가 망하니 뜻있는 자, 다투어 망명했네.
이역異域에서 군량 모아 양병하니
어렵고도 벅찬 일 견줄 데 없네.
쓰라림과 피로움 달게 참으며
수만의 건아를 맹호같이 단련시켜
왜적과 싸우기를 어느덧 십년.

왜적이 만보산 사변萬寶山事變을 조작하여
만주 옛땅을 엎어 삼켰네.
우리 군사 무기를 정돈하여
중국군과 합세하여 왜적과 싸웠네.

북으로 흑룡강, 남으로 백두산, 누빈 전장 종횡 만리.
방정方正과 동빈同賓 싸움, 실패는 있었으나
쌍성과 경박호에 떨친 위세 크기도 하다.

왕청현 대전자 깊은 골짜기에
반총叛塚의 이리떼 지난다기에
계유년 6월 동경성에서 정병을 이끌고
불원천리 달려갔네.

높은 고개 험한 숲 넘고 헤쳐 수백 리.

論壇 · 45

단장斷腸의 그 고초苦楚 어찌 다 말을 하리요.
노모저老母姐에 이르러 적정을 탐문하니
적병이 불일간不日間에 서쪽으로 옮겨 간다네.

가는 길 두 갈래 험한 산곡문이라.
서남도 아니요, 동남도 아니라네.
두 길목에 복병을 매복하고
배후에 기병을 따로 배치하였네.

내 어찌 자리에 앉아 호령만 할 소냐.
장비를 갖추고 앞장을 섰네.
배낭 속엔 오직 삼일분 양식
손에는 다만 한 자루 총뿐인데
참호 속엔 각다귀 떼 어지럽고
숲속에는 호랑이 울부짖음 그치지 않는다.

해와 달 뜨고 지기 세 차례이건만
기다리는 이리떼는 아직도 보이지 않네.
바닥난 군량은 굶주림을 더하고
장맛비 차가움 뱃속에 스며든다.

검정버섯 따다가 소금 절여 먹어보니
요기도 되려니와 치풍治風도 된다누나.
어여쁘다, 이 기방奇芳은 뉘에게서 나왔느냐,
그는 바로 군의관 신unknown申unknown이다.

대전자대첩 大甸子大捷

據說汪淸大甸子 왕청현 대전자 깊은 골짜기에

飯塚狼群來徜徉 반총부대 이리떼가 지난다기에

酉年六月東京城 계유년 6월 동경성에서 정병을 이끌고

預備往攻選銳剛 불원천리 달려갔네

峻嶺險林幾百里 높은고개, 험한 숲, 넘고 헤쳐 수백 리

征人勞苦斷肝腸 단장의 그 고초를 어찌 다 말을 하리요.

(....)

赤烏黃兎近三匝 해와 달 뜨고 지기 세 차례이건만

苦待天狼奚到遲 기다리는 이리떼는 아직도 보이지 않네

餒糧罄竭飢侵肚 바닥난 군량은 굶주림을 더하고,

霪霈連綿冷逼肌 장맛비 차가움 뼛속에 스며든다.

黑蕈採取和鹽食 검정버섯 따다가 소금 절여 먹어보니

非獨治風且療饑 요기도 되려니와 치풍도 된다누나

可愛奇方何處出 어여쁘다. 이 기방 누구에서 나왔느냐.

姓申名砣是軍醫 그는 바로 군의관 신굴(申砣 신홍균)이네.

— '군사' 창간호; 조경한 '대전자대첩' 1980

둘째 삼촌 신홍균 선생은 1916년 원종교를 만든 독립운동가 김중건을 만나 본격적인 독립운동을 시작했다. 김중건을 도와 독립군 대진단을 창설하기도 했다. 특히 1933년 6월 30일 대전자령전투에 참전해 공을 세웠다.

신홍균은 친동생 신동균이가 1919년 일본 헌병대의 기습으로 압록강에 수장된 원한을 어금니로 잘금잘금 씹고 있었다. 신홍균을 잡으려고 급습했다가 놓치고 대신 신동균을 가족이 보는 앞에서 얼굴 가죽을 벗기고 사지를 절단하여 압록강에 던져버렸다. 그 후 약 10여년 만에 이번 대전자령전투에서 그 복수의 일부를 친동생을 위해 갚았다고 생각하며 하늘을 올려다보았다.

1933년 2월 신굴은 경박호전투에 뛰어들었다. 신굴은 군의관으로서 지속적으로 조국의 독립을 위해 참여한 것이다. 그러나 그때 대진단 간부에게서 급한 무전이 날아왔다. 우선 신굴이 먼저 장백현 고개로 달렸다.

3월 24일 장백현에 다시 복귀한 소래 김중건을 잡기 위해 이광의 공산군 부대가 어복촌을 급습하였다는 것이다. 신굴이 이웃의 지청천에게 급전을 쳤다.

- 지청천장군님, 지금 이광 공산당들이 반란을 일으켰어요. 급히 구조대를 보내주세요.
- 메야? 이광 그 시키덜 또 사고치네, 일단 조금만 기다려, 이 쌍간나이 시키덜 그냥!

그러나 이광은 서둘러 마을을 온통 불 질러 버리고 튀었다. 대진단 간부 5명 도 '민생단' 친일파 간첩이라는 누명을 씌워 총살시키고 난 후, 산속으로 도주해 버렸다.

- 이봐, 신굴 부관, 이렇게 나는 가지만 자네가 나 대신 대진단을 잘 이끌어서 반드시 내 뼈는 내 고향에 묻어주게....
- 김중건단장님, 염려하지 마세요. 반드시 왜놈들을 척결하고 말 것입니다.

신굴은 저기 무릎 위에 놓인 소래 김중건의 머리를 땅바닥에 조심스럽게 내려놓았다. 주변에 둘러 서 있던 대진단 단원들이 일제히 모자를 벗었다. 서북풍 대륙의 봄이라 아직도 추운 밤이슬이 차가웠다.

몇 해 전 1930년 1월 겨울, 김좌진 장군도 역시 공산도배들에게 피살당하지 않았는가. 이렇게 같은 민족내부 독립군들 사이의 총질에 신굴은 아연하지 않을 수 없었다.

한편 청파는 만주에 '광생의원'을 개업하여 벌어들이는 자금으로 독립군 부대에 식량과 총알 등 군수물자를 극비로 지원했다. 일제는 대진자령전투에서 대패 이후, 만주일대에서 목단강까지 철저한 봉쇄정책을 강행했다. 민간인들의 왕래까지 차단하여 항일부대의 보급로 완전히 차단하였다.

그러자 청파는 광생의원을 그만두고 삼촌인 신홍균을 따라 동승촌에 가서 외동구 동승촌 서촌지역의 황무지를 개척하여 영농사업

+ 신홍균은 목단강근처에서 항일 활동하다가 동승촌에 정착

을 극대화시켜 나갔다. 이곳 조선 농민들의 '산택호농가'를 중심으로 계약재배도 했다. 여기에서 생산되는 농산품과 공산품 등 산속에 보냈다.

　신홍균은 다시 장백현 일대 한인들을 대상으로 공동 산촌생활을 주도하고, 중국인 마적단으로부터 우리 백성들을 보호하는 자경단으로서 독립군을 양성해 나갔다.

1920년 10월부터 일제는 봉오동과 청산리 전투에서 크게 패배한 보복으로 북간도 지역 63개 한인 마을을 습격하여 한인들 2,200여 명을 척살하고 초가집 2,500여 호를 불 질러 버렸다. 즉 '경신참변' 대학살이 노골적으로 자행하던 시기였다.

이때 원종교 총사 집무실이 불타고 김중건도 일본군에 체포되었다. 이때 신홍균은 김중건 유언에 따라 대진단 단장과 원종의 대정원장이 되었다. 중소 독립군부대 흥업단 광복단 태극단 등을 연합하여 적극적인 무장투쟁을 확대해 나갔다. 김준, 김전 등이 신굴을 보좌했다.

그러나 1926년 용정에서 조직된 동만 청년동맹은 대진단에도 침투하여 '모스크바 유학을 시켜준다며 공산주의 빨강 이념으로 포섭했다.

덩달아 조선공산당 만주총국도 북만주 일대 한인학교 교사들에게 공산주의 이념을 확장해 나갔다. 김중건도 이들 공산주의자들에 의해 '민생당원'이라는 누명으로 산속에 끌려가 총살당하고 만다.

한의사 군의관들은 신홍균 외에도 적지 않다. 특히 유명한 강우규, 허발, 곽종구 등도 있다.(정상규〈일제시대 독립운동의 숨은 영웅들 한의사〉)

지청천장군
총살위기

8. 지청천장군 총살위기

항일전쟁 사상 가장 막강한 대승의 '대전자대첩'이었음에도 불구하고 또 하나의 내부 사건이 돌발되었다. 한국독립군들 장교들이 중국 길림구국군들에 의해 감금되었다. 전원 총살 예정이다.

대전자령전투에서의 전리품에 대한 갈등이 심화된 것이다. 한중부대간의 크고 작은 마찰은 그동안 반복되어 왔었다. 만주군벌 짱쭤린의 보호를 받고 있는 그들은 평소에도 기고만장하여 한국독립군을 깔보고 있었다.

대전자령전투가 끝난 8월초부터 중국 길림구국군 시세영은 지청천에게 한국독립군은 길림구국군으로 예속할 것과 전리품을 몽땅 요구했다. 물론 지청천은 단호하게 거부했다.

- 꼬리꾸리 일루 나왓!

길림구국군이 총대로 독립군 머리를 보란 듯이 쳤다. 곧이어 두어 명의 우리측 한인부대 독립군의 머리통에서 피가 탕, 탕! 솟구쳤다. 그들은 시범적으로 몇 명을 보란듯이 구타를 하는 것이다.

1933년 10월 13일 밤, 길림구국군의 쿠데타이다. 그들은 330여 명의 한국독립군을 강제 무장해제 시키고 불법적으로 유치장에 구금

+ 한국독립군 총사령관 지청천 池靑天과 한국독립군 군의관 신홍균 (中艽)

했다. 그들 참모장이 밤하늘에 또 한 번 공포를 쏘았다. 지난번 소래 김중건 대진단장을 처형할 때도 그들은 '민생단' 누명을 씌워 총살시키듯 반복 공산주의자들의 음해작전이었다.

- 너거덜! 한국독립군들은 친일반공단체 '민생단'과 내통하고 있었제 이제 불어봐!
- 어엉, 이캐 자백하는 놈이 하나두 없쩌?

그들은 한국인들을 '꼬리!'라고 경멸해서 불렀다. 고려 '高麗' 한자의 중국어 발음이다. 원래는 '高句麗'인데 가운데 한자 '句' 발음이 묵음이어서 고려라는 소리만 나오는 것이다. 우리도 덩달아 그들을 욕할 때는 더러운 돼지같은 '뗀놈'이라 부른다. 일본놈들이 '조센징'이라 부르는 것과 같은 민족적 비하 언어 개념이다.

— 다음 차례, 누구 부를까? 누가 덤빌거냐? 인상쓰고 있는 너 이리 나와봐! 니 메가지는 두 개냐?
— 야그, 그 새끼 죽여라앗, 한방에 날려라앗,

중앙에 넓게 자리한 중국군들은 환호를 질렀다. 중국군들도 지청천 조경한 신홍균 등 한국군 고급장교 얼굴을 잘 알고 있었다. 벌써 십여 년간 북만주 일대 같은 지역에서 합동작전을 많이 해왔기 때문이다. 특히 길림구국군 사령관과 그의 오른팔 역할을 하는 쓰시잉 그리고 쓰충쌍 등 고위급들은 친하게 지낸 사이여서 너무나 잘 알고 있다.

중국군 사령부 옆 유치장에 물리적으로 갇혀 있는 한국독립군들은 주먹을 휘두르며 불평했지만 뒤뜰에 날아가는 잠자리 잠꼬대 소리밖에 안 된다. 심지어 지청천 사령관의 목숨도 총알 한 방에 달렸다. '지청천' 이름 석 자는 그 당시 홍범도, 김좌진 등과 함께 유명세를 타며 독립군들의 우상이었다. 그러나 중국군들은 굳이 깎아내리려고 했다.

항일전선에서 중국군들이 한국군보다 더 잘 싸운다는 실적과 소문을 내기 위한 장난이다. 매우 긴급하고 위급한 상황이지만 한국군들은 무장병력이나 숫자 또는 환경적으로 중국군들과 대결할 상황이 못 되었다. 주요 한국군 장교들 거의가 유치장에 갇혔지만 통역장교와 신홍균(신굴) 군의관 몇 명만 그들의 필요에 의해 가두지 않았다.

특히 신홍균은 유명한 군의관이자 능력이 출중한 한의사 이어서 그들은 필요한 때에 자기들도 치료를 받아야 하기 때문에 가두지 않은 것이다. 바로 그때 어떤 장교 하나가 앞으로 뛰어나와 두 손을 높이 들었다. 바로 신홍균이었다.

– 우리 같이 항일투사들인데 이렇게 무도할 수가 있는가?

신홍균은 석양 하늘을 한번 올려다보고 나서 그리고 주변을 싸악 훑었다. 횃불에 얻어맞은 말벌집같이 시끄럽던 장내가 일순 공기를 끊었다. 골짜기가 흔들리는 백두산 호랑이 울음소리가 다음과 같이 바람을 잡았다.

– 존경하는 한중 항일연합군 여러분들이여! 이제 내 나이 50이 되

었습니다. 빼앗긴 조국의 독립운동에 참여하기 위해 가족 전부가 망명하여 장백현에 있습니다. 더구나 나는 처자식들을 버리고 이렇게 낯설고 살벌한 만주 땅에서 항일전선에 뛰고 있습니다. 약 10년 전에는 내 친동생도 일본 헌병들에게 무참하게 살해 당해 요 근처 압록강에 수장되었습니다....

신홍군의 일장 연설은 아니 웅변은 골짜기를 울렸다.

.... 그 철천지 동생의 원한을 갚기 위해, 나는 압록강을 보며 이렇게 하루하루 목숨을 걸고 있습니다. 그러다가 조선의 위대한 사상가 소래 김중건 선생님과 인연이 되어 함께 독립군 대진단을 창설하였습니다. 그러나 그분도 공산 도배들에게 뒤통수를 맞고 불행하게 피살되었습니다.

.... 자아! 여러분들 우리는 누구를 위해 이렇게 고생하고 있는 것입니까? 각자의 조국 독립을 위한 것인가요? 눈앞의 전리품을 차지하기 위한 소인 잡배들인가요? 저는 소래 지도자의 유언에 따라 대진단 부대원들을 이끌고 지청천장군님 부대에 합류했습니다. 우리 한중 연합부대는 앞으로도 함께 할 목숨이 아닙니까, 여러분!

.... 우리가 각자 자주독립 국가를 꿈꾸고 있는데 또 전혀 엉뚱하게 지청천 사령관님 마저 이렇게 잃게 됐으니 내 살아 무엇하겠습

니까? 참, 애통한 일이로다! 이렇게 적을 코 앞에 두고 양분되면 희망이 없습니다. 저는 이제 그만 이것으로 목숨을 끊겠습니다. 아!

장내는 연득없이 장례식장 같이 굳어졌다. 순간 신홍균은 주머니에서 계란 하나를 잽싸게 꺼내어 그대로 씹었다. 그리고 삼켜버렸다. 엉? 저거 앵속각 아냐? 앞에 앉아 있던 중국군이 펄떡 일어났다.

- 맞아! 아편 덩어리야.
- 야, 빨랑 비누 한 통 빨랑 가져와.
- 이게 아니잖아? 이번 대전자령 작전에도 한중 양국이 같이 싸운 동지들이잖아?

전리품도 똑같이 이등분으로 평등하게 나누어야제? 먼저 중국군 부대 쪽에서 흔들렸다. 한국군 장교들이 숙소에 가서 급한 대로 비눗물을 만들어 왔다. 쓰러져 있는 신홍균의 목구멍에 강제로 먹였다. 계란만한 앵속각 추출물을 한꺼번에 삼켰으니 그대로 가는 것이다.

목구멍이 막혀 있는지 물조차 내려가지 않았다. 다른 군의관이 달려들어 응급처치로 몸을 뒤집어 놓고 등뼈 급소를 압박하기도 했다.

한의사 군의관들은 독립군 부상자들 치료용 진통제로 앵속각을 주머니에 항시 소지하고 다녔다. 평소에도 야생 양비귀를 따 모아 앵속각을 만들었다. 일종의 아편 진통제이다.

작전을 치를 때마다 시체와 함께 적잖은 부상자들이 쏟아졌다. 주로 총상, 탈골, 절골된 병사들이 많다. 들판의 한약재들도 눈에 보이는 대로 확보하여 부대 영내에 빨랫줄마냥 널어 말리곤 해야 한다.

이런 참담한 광경을 지켜보던 한국군들이 유치장 쇠창살에 머리를 짓이기며 격렬하게 항의했다. 일부 한국군 장교들도 권총으로 공포를 쏘아대며 위협했다. 장내의 조짐이 폭동 직전이다.

그러자 일단의 중국군 지휘관들이 신홍균의 시체에 모여들었다. 이미 반쯤은 시체가 된 그의 입술 가득히 녹청색 피가 흘렀다. 그들 최고 지휘관 오의성 장군이 어떻게 알고 나타나 신홍균의 가슴에 손을 대고 맥박을 가늠했다.

― 지청천장군은 지금 어디 있는가?

그들 사충항 참모장이 별도의 유리창을 가리켰다.

― 누구의 명령으로 함부로 연합군 장군을 구금했는가? 그리고 이들 장교들은 당장 석방시켜 엉!

신홍균의 자살소동으로 충격을 받은 중국군 시세영 등 수뇌부가 흔들린 것이다. 그리고 오의성 장군은 방금 풀려나온 한국군 장교들 앞에서 잠깐 사죄의 말을 했다.

- 여러분들 이건 제 부하들의 큰 실수입니다. 무엇인가 잘못된 것 같습니다.

그러나 분기탱천한 한국독립군들은 쉽게 가라앉지 않았다. 자칫 같은 아군인 연합군 부대끼리 총격전이 벌어질지도 모르는 일촉즉발이다.

그때 마침 훈춘 등지로 군자금을 모으러 나갔다가 늦게 귀대한 조경한趙擎韓 참모장이 이 현장을 보고 깜짝 놀랬다. 그는 나중에 이 사건을 그의 회고록에 썼다.

'앵속각과 비눗물 두 가지를 먹은 탓인지 신홍균은 누런 똥물까지 싸대며 몸부림쳤다. 이빨 사이에서는 핏물 똥구멍에서는 똥물이 엉겨 바닥에 흘렀다.'(조경한, 대전자령전투, 중앙일보, 1975년 4월)

이튿날 새벽 조경한 참모장은 신홍균 군의관과 일부 지대장 등을 대동하고 중국군 사령부로 달려갔다.

일본군 패잔병들의 화물차, 우마차 등 일부 행렬은 화피전자樺皮

甸子 마을 동쪽 골짜기에서 다시 연합군에게 피습당했다.

이리저리 피 터지게 얻어맞은 그들은 7월 4일 거의 5일 만에 용정 백초구百草溝 일본영사관 분관에 겨우 도착했다. 일본 전쟁사에서도 가장 최악의 실패 작전이었다.

얼마후 한중연합군들은 전리품들을 다시 점검했다. 박격포 등 각종 포8문, 기관총 110자루, 소총 580자루, 탄약 300상자, 수류탄 100상자, 권총 200자루, 군장비 2,000여건, 장갑차 2량, 의약품 50상자 등 막강했다. 전례가 없는 대승이었다.

즉 대전자령전투는 봉오동전투, 청산리전투와 함께 한국 독립전쟁사에서 3대 대첩으로 기록되었다.

우선 대전자령전투에서의 전리품 배분에 한국군이 일부 양보하는 대신에 지청천장군을 석방시키는 조건이었다. 원래는 7대3이었다. 중국군의 머리 숫자가 많았고 작전지역도 70%나 담당하고 있었기 때문이다.

또한 한국독립군은 오랫동안의 전투경험과 청산리, 봉오동전투 등에서 조직적이고 숙련된 군대였다. 탁월한 전쟁수행 능력을 중국 장제스蔣介石 정부에서도 공인하고 있었기 때문이다.

반면에 길림구국군은 마적단 출신이 많았고 일부는 농민들을 산발적으로 모은 애숭이들이어서 전투경력도 비교가 안 되고 겁이 많아서 총소리만 나도 뒤로 도망치기에 바빴다.

그러나 중국군들은 자기들이 7을 가져야 한다고 끝까지 고집을 부렸다. 그 이유는 이때까지의 전투 중에서 가장 많은 전리품들이기 때문이다. 수량이나 효율성 면에서 이전의 구닥다리 병기들보다 탁월했다. 조경한과 신홍균 등 간부들은 머리를 맞대고 고민을 했다. 결론은 재물에 손해가 되더라도 사람을 살리자는 것이다. 조경한은 유창한 중국어로 협상을 이끌었다.

결국 다 주더라도 지청천장군만은 꼭 구출해 내기로 했다. 그렇게 해서 며칠 후, 지청천장군은 석방되어 살아날 수 있었다. 그러나 이번 사건은 한·중연합군의 조직을 와해시킬 정도로 너무 심각했다. 이런 불편부당한 조건이라면 앞으로도 같이 싸울 수 있는 동지로서의 의리관계가 어려울 수밖에 없다.

- 그래도 한 번 더 대승적 차원에서 중국군과 합작해 봅시다. 아군 진영에서 이렇게 분열되어 버리면 가장 박수를 치는 놈들은 역시 일본군일 수밖에 없잖아요.

그래서 이후, 한중연합군은 그대로 약 40일간 대전자령에서 군비를 재정비하고 무장훈련을 하는 등 부대를 재편성했다. 한국독립군 지청천 사령관과 길림구국군 사령관 오의성은 새롭게 의기투합하여

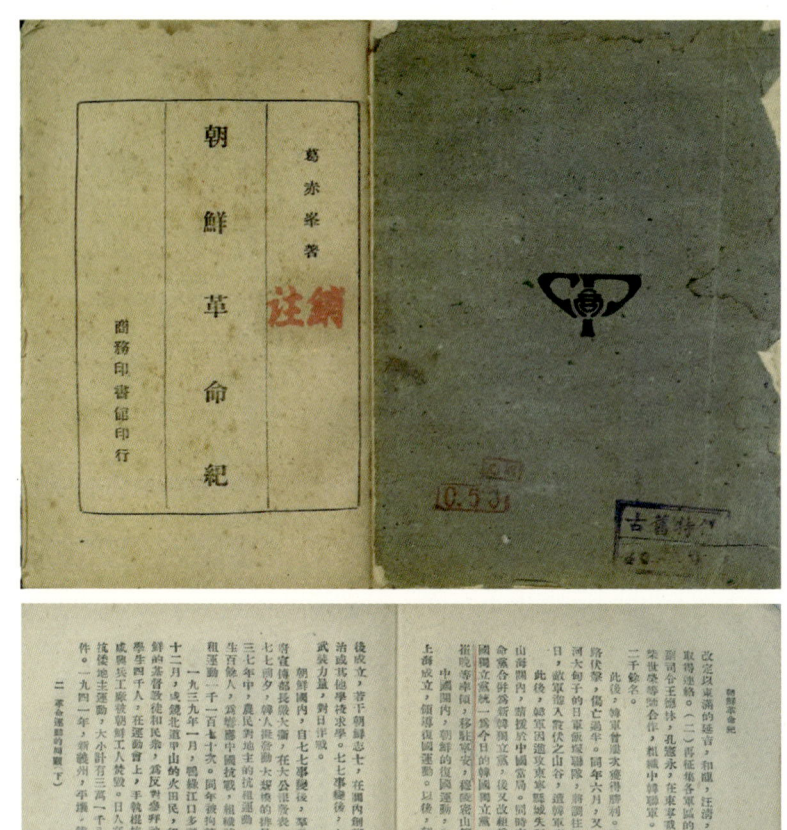

+ 1945년 갈적봉이 쓴 조선 혁명기에 1933년 대전자령전투 이후에 지청천장군과 헤어진 신굴, 최악, 최만등의 독립군 부대들은 영안, 목릉, 밀산등의 삼림지대로 들어가 항일 운동을 계속 하였다는 기록임

중 – 소 국경지대로 이동하였다.

오의성은 공산주의 계열로서 중국 공산당 괴링이었다. 히틀러의 2인자였던 괴링은 어린 여학생 소녀들도 잡아다가 함부로 성폭행하거나 죽이기로 유명했다.

지청천을 처형하자고 끝까지 날뛴 놈도 실은 이중적 오의성이다. 철저한 공산주의자들인 이들 오의성, 사충항 등 어쩔 수 없이 오월동주吳越同舟가 되어 동녕현 성 공격에 나섰다. 지청천은 다시 훈춘, 왕청지역 유격대 한인 부대도 합류시키며 재정비했다.

그러나 1933년 9월 6일 소련국경 동녕현성을 공격했지만 패퇴했다. 서로 동상이몽 모래알이었다. 다시 대전자령 기지로 후퇴하였다. 이 패망전투를 계기로 한중 연합부대는 사실상 해체되게 된다.

마침 상해 임시정부에서는 중국 장제스 휘하의 중앙육군군관학교에 지청천을 교관 겸 책임자로 선임했다. 한국독립당 당수였던 홍진, 총사령관 지청천, 그리고 조경한, 오광선 고운기 등 40여 명을 난징 군관학교로 파견시키기로 결정했다.

그러나 신굴, 최악, 최민 등 대진단 부대 간부들은 영안, 목릉, 밀산 등 산속으로 들어가기로 했다.

- 고급 지휘관들이 다들 남쪽 안전지대로 이동하면, 이곳 북쪽에 남아있는 독립군 부대와 한인 마을은 누가 보호해 줄 것인가?
- 신굴단장님 맞습니다! 일본 헌병대, 경찰들에게 늘 얻어터지는 것도 문제인데 더 무서운한 것은 중국인 마적 떼들 아닙니까?
- 남쪽으로 가는 고관과 그 가족들이야 등때기가 따숩겠지만 이 혹한의 만주일대 한인가족들은 이제 누구를 의지해야 하나요?

울분인지 비탄인지 주변에 모여있는 장병들은 신홍균에게 따져들었다. 그러나 그에게는 이런 절박한 정치상황 아래에서는 아무런 권한이나 능력이 없이 무기력해질 수밖에 없었다. 그냥 난감했다.

- 자아, 이제 정신을 차리라우야, 일단 현실을 직시하고 내일을 기약 해야 돼지비, 일단 나를 따르겠다는 동지들은 목단강 개척촌 쪽으로 가서 영농사업을 계속 구상해 볼 것이고, 나머지는 자유롭게 선택하시요!

이때의 신홍균이 목릉, 밀산 등지에서 계속 항일운동을 전개해 나갔다는 내용이 1945년 갈적봉이 쓴 '조선혁명기'에 적혀져 있으며 정상규 역사학자가 '신홍균 한의사의 생애와 독립운동' 논문을 한국의사학회지에 정리하기도 했다.

+ 신민식 원장이 2020년 8월 목단강시에서 신홍균 묘소와 항일무장 투쟁관련 자료를 확보하였다. 국가보훈부에서 심의하여 독립운동 건국훈장 애족장을 추서했다.

+ 중국 정부 항일문사자료

청파의 왕진가방과 짐자전거

9. 청파의 왕진가방과 짐자전거

준은 병원 옥상에서 어머니를 부축하고 다시 아버지의 중환자실로 들어왔다. 아버지는 조용히 주무시고 계셨다. 아니 또 자는 척하고 있는지도 모른다.

1930년 4월 26일자 간도총영사관 외무성 순사부장 가와시마 준기치川島順吉의 취조기록 신광렬(申琥:수형번호 1679호. 경성지방법원)에 이어 동년 모리후라 검사의 한국 불령선인 독립운동가 신광렬의 취조기록에 아버지 청파의 인장이 잔인하게 그리고 목숨같이 찍혀 있었다.

다른 죄수들과 같이 일반 도장이 아닌 엄지손가락 도장까지 굳이 찍은 것은 '요주의 인물'로서 확실하게 신원 처리하기 위해 인장을 찍게 한 것이다. 그러나 훗날 아이러니하게도 이것이 국가보훈부 서훈 심사에서 '본인이 확실하다'는 결정적인 증거가 될 줄이야.

당시 독립투사들은 거의 다 가명, 이명, 별명을 썼다. 전쟁상황 특성상 체포당하더라도 동료 또는 가족들에게 피해를 주지 않기 위해 본명을 쓰지 않은 것이다.

아버지 청파의 본명이 한국독립운동사와 중국, 일본의 각종 자료에는 '신호申琥와 신현표申鉉表'로 이름이 달라서 그동안 동일인이라는 인증이 안되었다. 그러다가 이 엄지 인장 하나 때문에 과학적으로

+ 아들 준식이 자전거 뒤에 타고 아버지와 함께 왕진가는 동상

확실해진 것이다.(* 국사편찬위원회 전자도서관)

준은 KBS '창' 심층취재단과의 인터뷰에서 아버지 청파의 항일투쟁 사실을 오랫만에 처음 밝혔다. 청파는 평소에도 자기 자랑을 일절 내세우지 않고 조용하게 지내왔다.

- 1932년 만주에서 양의사 면허시험에 합격하여 사실상 한의, 양의 양쪽 다 면허증을 확보한 것입니다. 그리고 결혼도 하시고 만주에서 '광생의원'을 개업하여 약 8년간 운영하시면서 독립투사

들을 비밀리에 치료도 하고 또한 수익금 등을 모아서 둘째 할아버지 신홍균 등 독립군들에게 지속적으로 보내주곤 했습니다.

- 이게 1930년 7월경, 서대문형무소에 옥고를 치르실 때 찍은 아버지 청파의 사진입니다. 아버지의 키가 내 키보다 더 크시죠. 180cm 조금 넘었어요. 그리고 이건 1956년도 한의과대학 전신인 동양의전이에요. 한의사 자격증 졸업기념 사진인가 단체 사진입니다. 동양의전이 그 사람 다음 경희한의대가 생겼지요.
- 당시 제3차 간공 항일운동 때는 사회주의 운동이 특히 만주에서부터 강했어요. 지식인들은 거의 사회주의로 전향해서 독립운동을 했지요. 민족주의자 대부분 사회주의자이었답니다.

- 제3차 간도공산당 사건을 일부에서는 공산주의자들이 주도했다고 하는데요?

그 사실은 이제 역사학적으로 분명히 밝혀져야 한다고 생각합니다. 즉, 제1, 2차 시위사건은 간도 공산당 조직에서 주도한 것이 맞지만 제3차는 다릅니다. 공산주의에는 '인'이 없다면서 철저하게 반대했습니다. 그리고 의사면허를 받게 되자 다시 고향인 북청에 돌아와서 철도종합병원 원장을 하시다가 월남하게 된 것입니다.

바로 이때의 사건은 '월남유서'에도 그대로 일치되어 기록되어 있다. 나중에 청파의 큰아들 준(申俊湜 자생의료재단 명예이사장)이가 어린시절 온양온천 목욕탕에서 아버지의 옆구리 칼자국 흉터를 보고 깜짝 놀래어 물어보았던 기억을 KBS와의 인터뷰에서 처음 밝혔다.

선조들의 독립운동에 대한 그리고 한의사 군의관들의 극적인 희생정신을 찾아 둘째아들 민(申敏湜 자생의료재단 사회공헌위원장)의 끈질긴 노력이 숨어있다. 민은 아버지 신광렬靑坡과 둘째 할아버지 신홍균申砭의 실체적 근거지를 찾아 수년간 중국과 일본 등 현장을 찾아 퍼즐을 맞추고 대전자령전투 현장에서 금속 탐색기로 당시 사용하던 러시아제 체코 무기 탄피도 발굴했다. 동시에 논문으로 과학적 증명까지 해냈다.

준은 애써 아버지와의 기억들을 일부 끄집어냈다. 1962년 초등학교 3학년 10살쯤 되었을까, 화통기차가 달리는 도고온천이었다. 멀리 산봉우리 꼰데미가 초여름 초록빛 두루마기를 입고 골짜기를 내려오고 있었다. 그 산은 양어깨를 떡 벌리고 두 팔을 한껏 벌리며 내려오는 것 같았다.

"야, 너 준아 어디가니?"
내을입구 당나무 꼰데미가 나에게 소리치는 것도 같다. 어깨 넓은 두 팔 가슴 안으로 시전리, 석당리 들판이 달려가 안기고 뒤편 온양 온천역에서는 화통 기관차가 "나 서울 간대유!" 고함지르며 달아나고 있었다.

- 얘, 준아! 얼릉 아빠 자전거 뒤에 올라타라우
- 엉? 아빠 또 어디가유?

사립문 앞에서 소리치는 아빠에게 손을 마주 흔들며 뛰어갔다.

- 넵, 금방 일어설기라유!

나는 동네 꼬마들과 땅따먹기하다가 진흙 묻은 손으로 이마의 땀을 훔쳤다. 진흙 속이어서 흙물이 튀었다. 건넛마을 친구와 이웃집 소녀에게 치던 잣대도 넘겨주고 아빠에게 달려갔다.

- 근데 아빠, 오늘은 왕진가방도 없고 왜 암 것두 없담시유?
- 으음, 그냥 어떤 환자가 저 산 너머 집에 쓰러져 있대, 요즘 폭염 날씨로 봐서 또 흔한 일사병 같아, 그래두 또 모르지 일단 약병 가지고 빨랑 가봐야 돼, 얼릉 올라 타라니까

넓고 튼튼한 짐 자전거 뒤에 뛰어올랐다. 바위 같은 아버지의 등허리를 꽉 둘러 잡았다. 짐 자전거는 일반 자전거의 두 배나 되는 굵은 바퀴이다. 탱크 달리는 것 같이 엉덩이가 묵직하다. 아버지는 늘

무거운 왕진가방 등을 뒤에 매달고 다니기 때문에 이런 짐 자전거라야 몇 가지 의료 장비를 달고 다닐 수 있다.

그런데 오늘은 아무것도 없어서 좀 허전하지만 주변 산천보기가 더욱 자유로웠다. 마루 끝에 까치발로 서 있는 어머니는 "넘어지지 말고 아부지 꽉 잡어!"

하얀 손가락이 아직도 흔들리고 있다. 뒤돌아 보았다.

어머니의 등 뒤로 한약재 약병들이 독일 병정들같이 몇 겹으로 늘어서 있는 것도 보였다. 우리 집 벽과 천장 등에는 온통 누런 약봉지들이 금방 떨어질 것 같이 춤추고 있다.

평소에는 노랑나비 떼 같은 부드러운 춤이지만 태풍이라도 부는 날이면 온 집안이 괴상한 소리를 내며 티베트 고갯마루 오색깃발 무당춤으로 돌변한다.

그런데도 신기하다. 밤새 무서운 폭풍우에 그 많은 약봉지가 다 떨어졌을 것 같아 무서웠다. 그러나 움트는 새벽 이불 속에서 코만 내놓고 천정을 올려다보면 '엉! 나 여기 잘 있어!' 하며 그들은 멀쩡하게 손을 흔들어대곤 했다. 해바라기 얼굴같이 널려 있는 그 많은 약병, 약봉지 심지어 약재 서랍은 항상 그 자리에 그렇게도 많이 널려 있었다.

밤늦도록 어머니는 그날그날 비어있는 약재 서랍들을 찾아 채워 넣는다. 어머니는 아버지의 한약재 제조 조교이자 간호사 역할을 하셨기 때문에 어느 서랍에 무슨 약이 들어있는지 눈 감고도 찾아낼 정도이다. 그래서 어머니의 또 다른 뒷방 약재창고에는 퇴미산보다 더 높이 쌓여 있는 갖가지 약품들이 있다.

주말이면 어머니는 나를 데리고 퇴미산 등 주변 일대 산에 데리고 다니며 약품과 약재 나무 등을 채취해 왔다. 늦은 밤이면 나와 어머니의 배낭에는 갖은 한약재가 가득채여져 내려온다. 특히 오랜 칡뿌리는 차돌같이 무겁다.

친구들이 우리 집 사립문이 보이는 골목길 입구에만 들어서면 코를 잡고 킁킁 거린다. '으악, 고약해!' 한약 냄새에 임금 王 자를 이마에 그리며 도망가지만 어른들은 오히려 향긋하다며 숨을 깊이 들이마신다.

도고저수지를 오른편에 끼고 달리던 아버지가 콧노래까지 부른다. 늘 과묵하던 아버지도 들쑥 같은 초록색 날씨에 기분이 좋아진 모양이다. 평소에도 아버지의 웃음은 보기 어렵다. 무슨 생각을 그리 하시는 것일까. 그것은 노래가 아니라 시조 창唱이다. 이런 어른들의 창 소리는 이상하게 슬프다.

너무나 애처러운 음률이어서 어깨힘이 턱 빠진다. 동네 상여꾼들이 좁은 논두렁길을 흔들며 합창할 때면 배꼽 힘까지 내려가 그냥 주저앉을 것 같다. 아버지가 또 북한의 고향 북청의 부모님 생각이 나시는 모양이다. 아버지는 아주 기쁘거나 아주 불편할 때는 혼자 마당 뒤 창고로 가서 이런 창을 반복해서 부르곤 하셨다.

왜 어른들은 신나는 동요 같은 걸 부르지 않고 그렇게 우는 소리만 낼까? '날아라 새들아! 푸른 하늘을 달려라 냇물아, 푸른 벌판을 오월은 푸르구나 우리들은 자란다, 오늘은 어린이날 우리들 세상' 나는 일부러 큰소리로 신나는 동요를 불러 아빠를 위로했다. 음악시간에 풍금에 맞추어 동요를 부르면 어깨가 저절로 들썩이며 즐거워진다.

'나의 살던 고향은 꽃피는 산고올 복숭아꽃 살구꽃 아기 진달래애......' 그런데 아버지의 노랫소리를 들으면 어깨 힘이 싸악! 빠지고 그냥 땅바닥에 주저앉고 싶다. 이상하다.

굵은 자전거 바퀴가 두어 시간쯤 달렸을까. 도고저수지를 반쯤 지나 산 고개를 막 넘어가고 있었다. 어떤 청년들이 산에서 뛰어내리더니 뜬금없이 자전거를 막았다. 급한 내리막길이었다.

- 왜 길을 막고 야단이에요? 지금 저수지 환자가 급해요.

- 의사 선상님! 우리 마누라가 더 급해요. 우리 집 상위 엄마가 양잿물을 마셨대유, 지금 피를 토하구 숨넘어가고 있시유, 어캐 좀……

반은 끌려가다시피 일단 그 마을 청년들 뒤를 따라갔다. 그러나 그때 아무런 의료 장비를 가져오지 않아 난감했다. 고개 너머 툇마루 위에는 그 아줌마가 시체가 되어 누워있었다.

아버지가 그 아줌마의 눈 흰자위를 먼저 뒤집어보고 목구멍 속 등 검진을 했다. 맥도 희미하게 꺼져가는데 병든 참새같이 숨결이 죽어갔다.

- 준아! 너 자전거 바퀴에 바람 넣는 자전거 펌프 그거 빨랑 찾아 오너라
- 아, 고무호스 같은 거 말하는가유?

곁에 있던 그 남편이 뒷마당으로 뛰어가서 낡은 자전거 고무호수를 가져왔다. 아버지가 자전거 호스를 낫으로 달랑 중간을 잘랐다. 그것을 환자 목구멍 깊이 집어넣었다. 그리고 호수 끝에 주전자 물을 거꾸로 부었다.

양잿물을 토해내게 하려는 것이다. 환자의 뱃속까지 들여보내야 하는데 잘 들어가지 않았다.

시간을 끌수록 위험하다. 아버지와 그 남편이 번갈아 가며 호수를 입에 물고 불었다. 그래도 별로 가망이 없는 것 같았다. 모기 목소리 같은 숨만 겨우 할딱이었다.

— 준아, 그 아줌마 배꼽 위에 올라서서 콱콱 밟아보아라!
— 아저씨들도 쳐다보지만 말고 배를 쎄게쎄게 쓸어보세유!
— 아, 글씨, 배를 너무 세게 밟으면 배가 터져 죽지 않아유?
— 배 터져 죽지 않아, 빨리 빨리 눌러라

복싱선수 같은 농민들의 떡두꺼비 손바닥들이 밀떡 밀듯이 아줌마의 배꼽 위아래로 쓸어내리자 엉덩이 밑으로 검은 똥물이 빵 터졌다. 으악! 10년은 썩은 악취야! 야, 이제 살았넹!

내가 배꼽 위에서 쿵쿵 밟을 때마다 입으로도 똥물은 콱콱 쏟아졌다. 목구멍 안에 억지로 쑤셔 넣은 자전거 호수가 살린 것이다. 입에는 허연 양잿물이 검붉은 핏물과 함께 흘렀다. 재생의 피이다.

— 아가야, 상이 애미야, 이제야 살아낭거?

땅을 치고 소리쳐 울고 있던 그 시어머니가 며느리 얼굴에 대고 맞비비며 더 크게 소리쳤다. 독한 양잿물을 응급 위 세척으로 씻어낸 것이다. 당시 피난민들 사이에 흔한 일본말로 '위 세조끼'라고도 했다.

생활에 찌들고 남편이 바람이 나서 속상한 상의 엄마는 양잿물 바가지를 거꾸로 들이켜고 자살을 기도한 것이다. 농약을 막걸리같이 그냥 마신 것이다. 당시 6.25 직후 우리 농촌은 너무 가난했다. 이렇게 농약을 먹고 집단자살하는 곳이 많았다. 인근 소나무 껍질까지 다 벗겨 먹어 먹을 것조차 없어서 밥 먹듯 굶었다.

전국 곳곳에 이불을 뒤집어 새벽에 일어나지 못하는 시체들의 사진들을 신문들이 매일 보도했다.

때로 갓난아기를 꼭 껴안은 신혼부부 사진도 있어서 국민들의 가슴을 가위로 찢어내기도 했다. 참담했다. 바로 몇십 년 전 이 땅의 슬픈 밑그림들이었다.

- 준아 이제 일어나야제, 저 먹구름 보거라, 소나기 쏟아지것다!

그제서야 아버지는 그 젊은 남편이 떠다준 샘물 두어 바가지를 들이켜고 일어섰다. 땀으로 흠뻑 젖은 아빠의 머리채에서는 땀방울이 계속 흘러내렸다. 셔츠는 물걸레같이 젖어서 애살픈 등허리에 착 늘어져 붙었다.

― 아이구, 이걸 어쩌나, 저녁 한끼도 이키 대접도 몬허구….

할머니가 삶은 옥수수 하나를 품에서 소중하게 꺼내어 내 안주머니에 넣어주었다. 사실 나도 아까부터 뱃속이 쪼르륵대며 무지 배가 고팠다. 그래도 사양했다.

― 할무이요, 그거 죽을 써서 며느리 그냥 드리세유.

아버지가 자전거에서 다시 내려와 굳이 내 주머니 속 옥수수를 빼어서 그 집 마루 위에 다시 갖다놓고 왔다.

산 고개를 하나 넘자 소나기가 비둘기들처럼 푸두둑 연득없이 쏟아졌다. 깊은 계곡 속이라 저녁인데도 벌써 캄캄했다. 더구나 폭우까지 쏟아져 미끄러웠다. 자전거를 타지도 못하고 그냥 끌고 밀고 하면서 약 40리 길을 걸어왔다.

우리 부자가 퇴미산 줄기 마지막 산 고개를 넘자 멀리 소나무 관솔불이 보였다. 어머니가 우산을 들고 큰 나무 밑에서 우리를 기다리고 있었다.

엄마아! 준은 진흙탕을 달려가 엄마 품에 안겼다. 빗속인데도 북두칠성 유난히 밝아 보였다. 실제는 별이 보이지 않았지만 어머니를 보자 온 세상이 밝아 북두치성같이 보인 것이다. 그렇게 준은 어머니를 아주 좋아했다.

- 엄마, 아빠가 고무호스로 자살한 아주머니를 또 살렸어요
- 그게 무슨 말이냐? 어엉.... 그렇게 위급하게 죽어가는 사람을 아버지가 살린 사람이 어디 한둘이냐?
- 여보, 준이 밥부터 주세요. 아침부터 굶었으니까

나는 아버지 자전거를 타고 자주 왕진을 갔다. 일요일도 쉬는 날이 별로 없었다. 6.25전쟁 직후, 지방은 극빈촌일수록 의사가 없었다. 양약 의료품이나 의료장비는 더욱 없었다. 다행히 아버지는 양의는 물론 한의 양쪽 다 의사로서 오랜 임상경험이 있었다.

더구나 산속에 한약재는 얼마든지 널려 있지 않은가. 그래서 한계적인 양방보다 무한대의 한방이 다행이다. 민족의학으로서 '동의보감' 등은 하늘이 내린 우리 민족의 특혜가 아닐 수 없다. 그러나 근세사에서 일본의 치밀한 민족말살 정책의 하나로 전통 한의학의 정기를 절단시켜 버린 것이다.

더 무서운 것은 그런 일제 식민사관에만 몰두하여 한쪽 까막눈이 된 양의학계에서는 서양의학만이 과도하게 떠받치고 있다. 반대로 한의학계는 더욱 멸시되고 외면되어 왔다. 조선조 말기 선교사들에 의한 물리적 서양의학의 독선도 있다. 그들은 우리의 전통 민족의학도 존중하여 동서의학을 동시에 발전시켰어야 하지 않은가.

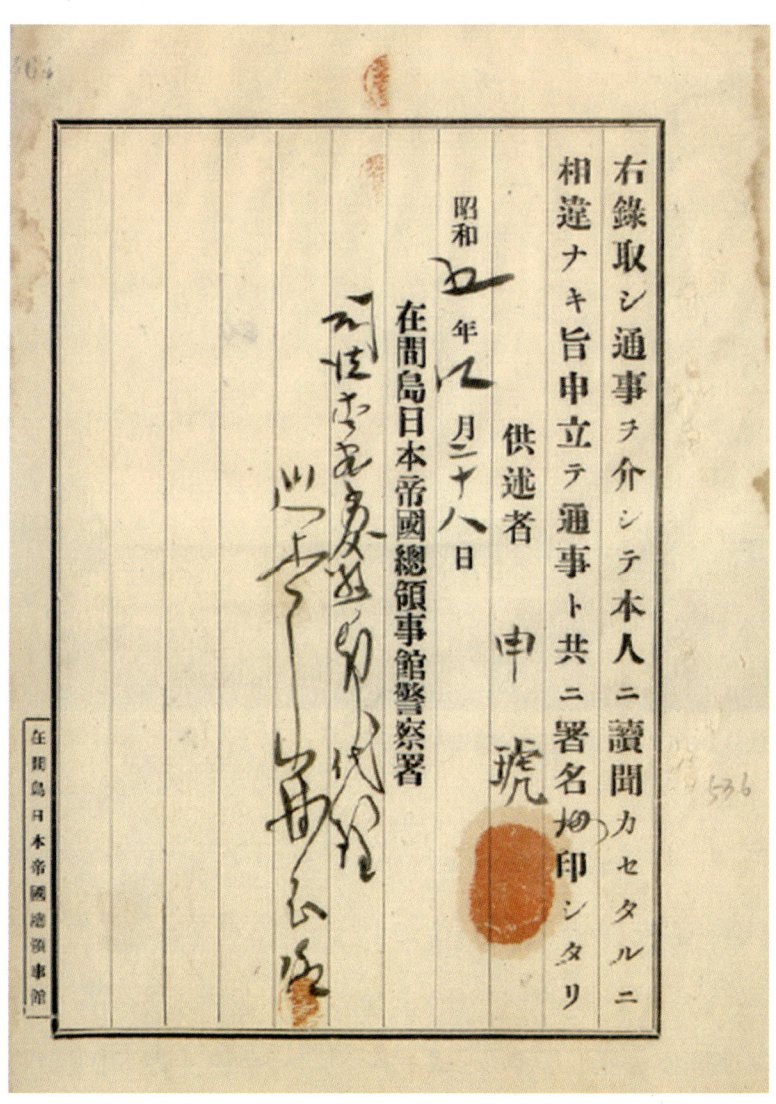

+ 신호의 지문 – 신광렬의 지문과 동일하여 서훈을 받는데 결정적인 일차 원 자료

02

⋮

10. '월남유서' 영혼의 바다
11. 네 안에 내가 있고
12. 바가지 침술 도제훈련
13. 달동네 그믐달 그림자
14. 폭주하는 아시아의 시간
15. DMZ 철조망에 걸린 태극기
16. 하이에나의 역사공간
17. 자생의료재단 긍휼사상
18. 내가 심연을 보고 있으면

'월남유서'
영혼의 바다

+ 준은 지금 가업 7대째 한의사 집안으로서 아버지가 물려주신 청파험방요결을 바탕으로 비수술 척추 디스크 전문병원을 세웠고 전국에 20개 전문 병원으로 구성된 자생의료재단을 설립했다

10. '월남유서' 영혼의 바다

청파 신광렬의 월남유서 초간본(1959년)이 나왔고 10년후 다시 붓글씨로 쓴 재간본(1969년) 마지막에 본인이 유서를 쓰게된 심정과 고통에 따른 내용이 있었다.

'1957년 8월경에는 충남 아산시 도고면 역전에서 청파한의원을 개설 중 장남 신준식(1952년)을 낳고 또 장녀 준옥이와 민식이(1963년)까지 나서 자라는 도중에 나는 참말 일생에 불운아로서 항상 노령의 부모님 생각과 향수에 고민 중 극심하고 타락자가 돼야 불면증이 발생하면 언제나 진정제 주사로 신경적 안위를 받은 지 장시일이 경과하고 보니 습관성으로 변하여 만성 중독자가 되었다.

아버지가 직접 쓰신 글내용이다. 그대로 계속해 본다.

재범, 3, 4, 5범까지 되었던 바도 있었다 그러나 너희들 어린 것을 생각하고 나는 결심하고 중독증을 완전히 치료하였다. 그래서 나는 양친 부모님의 봉양도 못 하고 북청에 있는 가족의 안부도 몰라서 골수에 맺힌 원한과 불운아의 여생을 중단하려고 최후의 결심도 한두 번이 아니었다.

　애 준식아 민식아 너희들이 장성하여서 나의 이 유서를 보고 나 죽은 다음 삼팔선이 열려서 남북교통이 되거든 너의 형제는 나의 고향으로 찾아가서 너의 형을 만나보고 또 친척도 찾아가서 나의 천추 여한지사를 말하면서 너의 형제간 의리도 결속하여라……

　북한 나의 고향, 나의 소유물과 토지 의류까지 내가 월남 한 후에 몰수당하고 그동안 부모와 가족들의 고통과 미움은 불가형언이란 것을 나는 탐문하였다. 때로는 자탄하기를 사람이 세상에 나서 나와 같이도 비운 속에서 일생을 종결할 사람도 있을까 하고 애탄 한적도 한두 번이 아니였다……

　그러나 구한말에 국운이라 삼팔선이 생기고 남북이 갈라지자 동족상잔이 생기면서 나와 같은 처지 환경 속에서 사는 사람 수십만 명이라는 것을 나는 각오하면서 민족의 비운과 향수의 원한을 가슴 속 깊이 새기고 이 유서를 쓴다.

　해방 익년 가을에 북한에 있는 너의 큰형이 나를 찾아서 서울 돈암동까지 왔다가 부자가 상봉치 못하고 다시 월북 환향하였다는 사실을 알고 나는 더욱 원한이 충천하였다.

　준식아! 민식아! 너희들이 자라서 너의 아버지 가슴 속에 깊이 맺힌 유한을 기리길 기약하면서 나의 고향에 연락 상통하기를 유서한다.

그리고 나는 양의학도 대략 배우고 한의학도 대략 배워서 중요한 것은 가전비방으로 너희들에게 전하니 가보와 같이 생각하고 나의 성경 책과 찬송가 책까지 잘 보중하여라. 그러면 내가 사후 황천에서라도 감읍 하겠다'.....

준은 초간본이 보기가 어려워 다시 쓴 재간본을 어머니에게 보여 드렸다. 모자가 한동안 아버지의 목숨같은 유서를 끌어안고 하늘만 쳐다보았다.

나의 이 '월남유서'를 보고 마음을 잘 정리하기 바란다. 그런 다음에 38선이 열려 통일이 되면 우선 아버지의 고향 북청으로 달려가기 바란다.

너희 형제들은 큰형은 어려서 죽었지만 둘째 형을 만나보거라, 그리고 또 친척도 둘레둘레 찾아보거라, 그렇게만 해준다면 나는 죽어서도 천추의 여한이 없겠다.... 남북한 너희 형제들이 얼싸안고 단단히 우애로서 결속하기 바란다. 다 같은 신씨申氏 가문 핏줄이 아니냐?....

북한 나의 고향에 남겨둔 나의 토지와 모든 재산은 공산주의자들에게 몰수당했다. 또한 우리 부모님과 가족들은 나로 인해 얼마나 잔인하고 처절한 고문 속에서 죽어갔겠느냐? 그 고통과 미움 또한 철천지한이다. 북청 나의 고향 주소도 여기에 밝혀둔다. 나중에 북한 가족과 서로 상통하기 바란다....

그리고 우리 집안 6대에 걸친 가전비방이 있고 또한 내가 최신 양의학과 한의학을 대략 배운 것을 덧붙여서 가전비방으로 너희들에게 전한다. 소중한 가보로 대대로 자손들에게 전하길 바란다. 그리고 나의 성경책과 찬송가 책까지 잘 보전하여라....

그리하면 내가 황천에서라도 감읍하게 될 것이다. 이 월남유서를 신준식과 민식이 형제에게 남긴다'

아버지 청파는 남한으로 넘어오시면서 월남유서 초간본 쓸 때는 생을 마감하기 위한 마지막 유서를 남긴 것이다. 당신의 이름도 신현표申鉉表에서 독립운동 중에는 신호申琥로 가명을 썼다. 또 월남 이후에는 신광렬申光烈(호:靑坡)로 또 개명하셨다.

뒤돌아보면 아버지는 결정적 운명이 바뀔 때마다 당신의 이름도 바꾸었다. 신현표 〉 신호 〉 신광렬(청파) 이렇게 변천되었다.

정말 이게 아버지의 유서인지 전혀 실감이 나지 않았다. 그냥 흔

RG: 319
ENTRY: IRR
BOX: 130
TAB #: 1
1, 20, S
COPIES/ PPS. /CLASS.

ACCESS RESTRICTED

The item identified below has been withdrawn from this file:

File Designation: G8-148243 Lee Jong Yop
Rpt w/atfst G8-148243
Date: 10/3/52
From: 181st CIC Det.
To: _____

In the review of this file this item was removed because access to it is restricted. Restrictions on records in the National Archives are stated in general and specific record group restriction statements which are available for examination. The item identified above has been withdrawn because it contains:

☑ Security-Classified Information
☐ Otherwise Restricted Information

Authority: NND 92172
Date: 10/13/92
Withdrawn by: CDD

NATIONAL ARCHIVES AND RECORDS ADMINISTRATION
NA FORM 14060 (5-92)

+ 미 CIA자료 신익희씨 파일이 공개됨에 따라 정치 공작대로 활동한 신광렬의 가족들이 고문당하고 옥사했다는 내용이 공개되면서 월남유서의 신뢰도가 높아지게 됨

하게 우리 집 현관에 배달되는 평범한 우편물 편지 중의 하나인 것만 같았다.

아버지가 뜬금없이 가출한 후 1주일째 돌아오지 않자, 결국 어머니는 작정한듯 아직도 아버지의 잉크 묻은 체온이 남아있는 유서를 준에게 보여주었다.

대관절 어디로 가신 것일까? 정말 아무도 모르는 곳으로 가서 세상을 혼자 하직하신 것일까. 아버지는 혈혈단신 혼자 월남했기 때문에 이남에서는 마땅히 어디 갈 곳도 없다. 아버지는 결국 한달째 돌아오지 않았다.

어머니는 처음으로 아버지의 유서 '월남유서'를 나에게 아무 말씀도 안하시고 불쑥 내밀었다. 한 장이 아니라 책 한 권이었다. 한자로 개미같이 새카맣게 써 있기 때문에 무슨 내용인지도 알 수 없었다. 이제 준의 나이 초등학교 1학년 7살 아이가 뭘 알겠는가?

초등학교에 입학하고 얼마 후, 준은 신나게 동요를 부르며 귀가하는 어느 날이었다. '반짝반짝 작은별 아름답게 비치네 서쪽 하늘에서도 동쪽 하늘에서도 반짝반짝 작은별 ~'

그날따라 집에서는 아무도 없었다. 그런데 어디선가 가냘픈 귀뚜

라미 같은 숨죽인 울음소리가 들렸다. 그 소리를 따라 지하 한약재 창고방으로 내려갔다.

어두운 구석 한켠에 머리를 함부로 찍어대고 있는 희미한 그림자를 발견했다. 가까이 가보니 아아! 아버지가 아닌가? 이미 벽과 아버지의 이마에는 검붉은 핏물이 굵게 흘러내리고 있었다. 깜짝 놀랬다. 아버지가 일부러 어머니랑 외갓집에 다들 보내고 집에는 아무도 없었다.

- 아부지 왜 그래신대유? 제발 아부지이....

준은 아버지의 다리를 잡고 같이 울었다. 그래도 아버지는 계속 머리를 벽에 찍어대었다. 더 많은 피가 콸콸 흘렀다. 그러나 아버지는 자기가 울었다는 얘기를 어머니에게 절대 말하지 말라고 했다.

이후에도 아버지는 혼자 계실 때면 방바닥을 치며 괴로워하는 모습을 몇 번 목격했지만 준은 아버지와의 약속을 지켰다. 늘 소리죽여 울곤해서 가족들은 전혀 몰랐다.

이제 아버지가 정말 돌아오시지 않자 준은 어머니에게 그동안의 일들을 실토했다. 그러자 이튿날 어머니는 외삼촌 등을 동원하여 극비로 마을 근처의 숲과 저수지 등 샅샅이 뒤졌다. 혹시 시체라도 찾을 수 있지 않을까.

그때 아버지는 이미 '월남유서'를 다 작성해 놓으시고 스스로 자진할 날짜와 방법 그리고 장소만을 탐색하고 있을 매우 위험한 때이다. 북한의 가족들에게 끼친 죗값에 대해 속죄하려고 극한 수단을 선택한 것이다.

매일 밤이면 극심한 불면증과 이명 때문에 마취약을 조금씩 삼키지 않으면 안 되었다. 머리통 전체를 무딘 톱으로 쓸어내는 절망과 공포감이렷다.

그러나 결국 실패했다. 자결에 실패한 것이다. 그 결정적 이유는 바로 토끼같이 앉아 철없이 울고 있는 어린아들 준이 때문이었다. 이제 뒷동산 옹달샘에서 한창 뛰어놀아야 하는 7살 배기 어린애를 놔두고 극약을 삼킬 수 없었다. 나는 죽으면 그만이지만 이 어린애가 또 애비없이 자라야 한다? 얼마나 깊은 트라우마로 앙금이 질 것인가. 집안이 불안과 바닷속 같은 슬픔에 덧이겨 있었다.

아버님이 남한으로 월남한 이후, 북한에는 조부모님과 고모님이 계시지만 아직도 생사를 알 수 없다. 그리고 북한에는 청파의 두 아들도 있었다. 큰아들은 북청철도역 승무원으로 복무하던 중 사고사로 죽었다. 그때 겨우 6살된 어린 소녀애가 막 달리는 기차 밑으로 빨려들어 가는걸 급히 밀쳐서 구해내었다.

그러나 정작 큰아들은 기차 발통에 끼어 다리가 절단되었다. 과도한 피흘림으로 그냥 죽었다. 6.25전쟁 난리 통에 응급지혈 등을 제대로 처치하지 못한 것이다.

― 그게 둘째 형 아닙니까?
― 아냐, 첫째 형이야.

'준'俊 옆에 앉아서 아버지의 사진을 이윽히 같이 들여다보던 동생 '민'敏이 되물었다. 준과 민은 둘 다 아버지의 유언에 따라 이제 제7대 한의사 가업을 이어가고 있다.

북한의 둘째아들은 아버지 청파를 찾아서 서울 돈암동까지 왔다가 못 찾고 다시 월북했단다. 결국 무참하게 다시간 것이다. 북청 고향 친구들에게 그 소식을 듣게 된 아버지의 마음은 어땠을까요?

청파는 1945년 해방직후 월남하여 신익희의 정치공작대 비밀 특수요원으로 고향 북청에 잠입했다가 탈출하기도 했다. 이런저런 이유로 북한 보위부에서는 청파의 가족을 '반동분자 월남가족'이란 낙인을 찍어서 그의 부모와 자식들에게 온갖 고문과 박해를 가했던 것이다.

일제시대에는 '불령선인'으로 해방시대에는 '반동분자'로 각각 낙인이 찍혔다. 기구한 운명이다.

- 맞아요! 그 끔찍한 사건을 알고 난 이후, 아버님은 극심한 우울증과 불면증에 시달렸지요. 자기 하나로 인한 가족 전체의 불행과 그로 인한 북한 부모님의 비극적인 최후를 알고 어디 그대로 평안한 잠을 주무실 수 있겠어요?
- 아버님은 우리 식구들 몰래 지하 한약재 창고에 내려가 50도가 넘는 빼갈 독주로 고통을 달래었습니다. 벽에다 머리를 내리치시고 내가 그 장면을 이따금 보았어요.
- 일반사람들은 의사가 어떻게 각성제에 손을 대느냐 하겠지만 의사도 인간이지요. 일반 사람과 똑같은 슬픔이 있고 고통이 있습니다. 얼마나 슬펐으면 각성제를 마시겠어요.
- 머리 정수리를 송곳으로 찔러대는 이명 속에서 각성제가 아니면 매일 잠을 못 주무셨으니까요.

아버지는 의사이면서 한의사로 병원을 운영하시니까, 환자 치료용 각성제는 언제나 비치되어 있었다.

준이가 7살 때 아버지의 과거에 대한 이런 얘기를 처음 들었다. 설이나 추석 때면 아버지는 볏단 같은 것을 끌어안고 남몰래 울기도 했다.

- 북청 고향을 그리워하면서 노래도 자주 불렀어요. 주로 북한에서 어린시절에 불렀다는 우리나라 전통 시조창입니다.(* 청파음성 녹음 자료)

결국 어머니가 마당 한복판에 쓰러졌다. 거의 한 달째 아버지 소식이 없자 지쳐서 쓰러진 것이다. 그날도 어머니는 혼자 교회 뒷산을 헤매다가 기진맥진하여 귀가하던 길이었다. 한약재 조수 아저씨 등이 동네사람 전갈을 듣고 놀래어 달려갔다.

마침 학교에서 돌아오던 준도 마당으로 뛰었다. 얼굴이 노랗게 급변한 어머니 얼굴에 동네 아주머니가 찬물을 확 부었다. 푸르르륵! 어머니는 장난같이 머리를 흔들며 소리쳤다.

"여보게 빨랑 저 산으로 올라가 보게…. 원장님이 사라졌어?"

이제 어머니의 머리도 미쳐갔다. 어머니는 그날 밤에도 아버지 책상 위에 촛불을 켜놓았다. 그리고 밤새 기도했다.

- 예수 그리스도여! 거룩한 하나님이시여! 우리 남편을 돌려 보내 주십시요!
- 전능하신 예수님! 우리 아버지를 제발 살려주세요.

준도 어머니 곁에서 간절히 기도했다. 누군가 목덜미에 찬바람이 일더니 조용한 벽 그림자가 길게 서 있었다. 이 깊은 야경 3시에 누구인가 뒤돌아보았다. 전봇대 같은 긴 그림자는 정말 아버지였다. 쉿! 아버지도 준 옆에 조용히 앉아 기도를 했다.

'우리 아무 말 하지 말자'....
그렇게 아버지 어머니 준 셋은 서로의 손을 꼭 잡고 그렇게 깊은 숙면을 하게 되었다. 아아, 잠도 그냥 그림자가 아니라, 맛있는 음식을 먹듯이 이렇게 행복한 맛을 볼 때도 있구나, 준은 처음으로 느꼈다.

1959년 12월 한해가 마감되는 한 겨울이다. 청파는 '월남유서'를 책상 위에 놓고 야밤에 병원에 가는 척하고 몰래 빠져나왔다. 그리고 차마 곧바로 자결하지 못하고 일주일간이나 도고저수지 근처를 헤매었다. 낙화암 벼랑 끝에 서서 뛰어내리려고도 했다. 다시 백령도로 가는 배를 타고 야밤에 바다 한복판으로 뛰었다.
죽으려고 바닷에 빠져도 죽어지지 않았다. 이상하다. 그날 밤 55도 독한 중국산 빼갈을 일부러 찾아마셨다. 몇 병째일까, 바로 이마 위에 떨어지는 북두칠성 국자 끝 날카로운 별이 두 눈을 팍팍 찔렀다.
으아악! 맞았어! 북두칠성 별자리 기운에 정수리가 맞았으며, 빼갈 55배 독주 고도로 숙성된 효모 술에 정수리도 불나면서 맞았어! 그런 방황속에서 청파를 깨우친 것은 갑자기 찾아온 심정적 대오각성이었다.

맞았어! 내가 설사 자진한다고 해서 북한 부모님 등 가족들에게 사죄가 되고 조상들에게 진실로 용서가 될 것인가? 오히려 남한에 또 남아 있는 처자식에게 더 큰 고통을 주는 것일 뿐이다. 엄숙한 현실이 그렇지 않은가.

청파는 해변가 근처에 그대로 쓰러져 있다가 새벽이슬에 뚜드려 맞고서야 벌떡 깨어났다. '맞았어! 두 가지가 다 맞았어! 이제 겨우 7살밖에 안 된 준을 버리고 나만 간다고 해서 과연 내가 편할 것인가? 그리고 마누라는 그리고 병원은?'

그는 바닷가에서 나와 집으로 돌아왔다. 그리고 이렇게 야밤에 귀가하여 준의 목에 팔베개하고 숙면을 할 수 있었던 것이다. 청파는 다시 마음을 다잡았다. 남아 있는 가족들 또한 내가 책임지지 않는다면 어떻게 할 것인가? 이중, 삼중 죄를 짓는 것이다. 나뿐이 아니고 6.25 내전 비극으로 북한 피난민이 어디 한두 명인가, 당시 약 1천만 명이 월남 피난민이었다.

"선대 독립운동 정신 본받아 인술 펼치는 민족병원으로 거듭

자생한방병원 신준식·신민식 형제 올해로 광복절이 77주년을 맞았다. 광복 이후 세월이 많이 지났지만 역사에 묻힌 채 빛을 보지 못하는 독립운동가가 여전히 많다. 이들을 발굴·재조명하는 동생 신민식 사회공헌 위원장(잠실자생한방병원 병원장)은 독립운동의 역사 발굴에 앞장서 온 인물이다. 2018년부터 고군분투해 왔다. 그 결과 2020년 숙조부인 신홍균 선생이 독립군 한의 군의관으 공훈을 인정받아 대통령 표창에 서훈됐다. 잊힌 독립운동가를 세상에 알려 민족정신을 고취하고자 했던 노력의 결과다. 신준식 박사와 신민식 사회공헌위원장을 만나 한의학 발전의 원동력이 된 민족

- 신광렬 선생 서훈을 축하드린다. 소회가 남다를 것 같다.

신준식 박사(이하 신준식) 선친의 독립운동 업적이 약 90년 만에 빛을 보게 돼 감개무량할 따름이다. 물론 가문의 영광으로서도 감사하지만 무엇보다 선친이 뜻대로 이어 서혼을 통해 여러 사람에게 전할 수 있어 뜻깊다. 자생한방병원은 선대의 독립운동 정신을 이어받아 설립된 '민족병원'이다. 설립 이념인 '당 휼지심(矜恤之心)'은 '환자의 아픔을 내 가족의 아픔처럼 느껴 진심으로 열과 성을 다해 진료에 임하고자 하는 마음'이라는 의미다. 가문의 어르신들이 독립운동을 하시며 늘 강조하던 정신이다.

- 독립운동 사실입증이 쉽지 않았다고 들었다.

신민식 사회공헌위원장(이하 신민식) 유일한 단서는 선친이 남기신 가문의 독립운동 기록인 '월남유서'뿐이었다. 당시 독립운동가들은 일제의 추적을 피해 주로 가명을 사용했기에 행적을 중심으로 하나하나 찾는 수밖에 없었다. 유서의 내용이 역사적 사실에 부합하는지도 확인했다. 중국 공산당 기관지에 언급된 집안 어르신들의 독립운동 행적, 일본 헌병일지, 경무대 기록, 논문 등을 꼼꼼히 비교해 살폈다. 특히 선친의 기록 중 미국 중앙정보부(CIA)의 보고서와 일치하는 부분이 발견된 데다 당시 경성지방법원 형사사건 문서에 찍힌 지장(指章), 기입된 호주(戶主) 이름이 확인돼 사실 입증에 결정적인 단서가 됐다.

- 독립운동 입증을 되새기면서 책임감이 컸을 것 같다.

신준식 우리 집안은 7대째 한의사 가문이다. 독립운동 역사의 잃어버린 한 페이지를 찾는 데 일조했다는 사실에 자긍심을 갖게 된다. 한의사로 독립운동에 부심하신 선친과 숙조부뿐만 아니라 많은 선배 한의사들은 나라에 어려운 일이 닥칠 때마다 희생을 두려워하지 않았다. 결국 그렇게 지켜진 나라와 한의학은 우리 민족의 자산인 것이다. 이를 후대에 온전히 전하는 것은 우리 세대의 몫인 만큼 책임감도 키웠다. 그러나 아직 한의사의 독립운동이 제대로 조명받지 못한 경우가 많다. 최근 한의계와

> 독립운동가·한의사 선친 신광렬
> 항일 업적 인정받아서 감개무량

사학계를 중심으로 한의사 독립운동가에 대한 관심이 늘어나고는 있으나 아직 부족한 심정이다. 더 많은 한의사 독립운동가가 세상에 알려질 수 있도록 꾸준히 노력할 계획이다.

- 관련 연구를 발전시켜 나간다고 들었다.

신민식 '월남유서'의 내용을 좇아 고증 작업을 진행하는 과정에서 전문적인 영역의 도움이 필요했다. 각종 논문을 찾으며 자문을 구하던 중 독립운동을 연구하는 국민대 이계형 교수를 만나 함께 연구를 시작했다. 현재는 인하대 융합고고학과 박사과정을 이수하며 다양한 논문의 저자로 참여하고 있다. 또한 인하대 융합고고학 대학원과 함께 오는 23일 코트야드 메리어트 서울 남대문호텔에서 한의사들의 독립운동사를 다룬 학술대회를 연다. '독립운동에 헌신한 한의사들의 삶'이라는 주제로 역사학자들과 함께 다양한 논의를 나눌 예정이다. 한의사의 독립운동사를 다각도로 조명하고 이해할 수 있는 시간이 될 것으로 기대한다.

- 독립운동과 한의학은 어떤 관계가 있나.

신준식 선친께서는 독립운동을 하면서도 일제의 '한의학 말살 정책' 속에 쇠퇴해가던 한의학을 걱정하며 관련 지식이 후대에 전수될

수 있도록 『청파현방요결』이라는 책에 상세히 기록했다. 이러한 유지를 받들어 많은 노력을 해왔다. 대표적인 사례가 '추나요법'이을 해결했다. 어린 시절부터 선친의 왕진을 따라다니며 탈구 환자를 수기요법으로 치료하는 것을 자주 접했다. 이를 임상에서 활용 가능한 것이나 개단고 의대에 입학한 후 본격적으로 수기요법을 연구하기 시작했다. 1991년 학회 설립 후 추나요법의 모든 술기(術技)를 '임상표준진료 지침'에 정리해 전국 한의대에서 표준화된 교육이 이뤄지도록 했다. 이젠 추나요법에 건강

신준식 박사(오른쪽)와 신민식 사회공헌위원장이 신광열 선생의 왕진 가방과 어린 시절 부친과 왕진을 함께 다니던 모습을 형상화한 조형물 앞에서 옛 기억을 떠올리고 있다.

착을 확인하는 과정이다. 자생한방병원 설립자인 신준식 박사와
을 수훈한 데 이어, 올해 광복절 선친 신광열 선생이 항일투쟁의

joongang.co.kr, 사진=김동하 객원기자

신민식 2019년에 독립유공자 및 가족들이 예우받는 사회 분위기 정착을 위해 노력하겠다는 약속을 지켜나가고 있다. 자생의료재단은 약 3억원의 재단 기금을 투입해 전국 21개 자생한방병·의원과 독립유공자 및 후손 100김의 척추·관절 질환을 치료하는 의료지원을 2019년과 지난해에 펼쳤다. 또 국가보훈처와 독립유공자 손자녀 장학사업 업무협약을 체결하고 매년 100명의 고교생에게 1인당 100만원의 장학금을 2019년부터 지난해까지 지원하기도 했다. 영주귀국 독립유공자 후손을 위한 주거 지원도 했다. 특히 애국지사의 자택에 방문해 한의 의료서비스를 제공하는 '생존 애국지사 한방주치의' 사업의 경우, 지난해 광복절 행사 당시 대통령이 강조해 언급하기도 했다. 최근에는 국가보훈처로부터 그간의 활동을 인정받아 자생의료재단이 표창을 받기도 했다. 올해는 6·25 참전유공자까지 의료지원 대상을 넓혔다.

─앞으로의 계획이 궁금하다.

신민식 한의학을 발전시키고 알리는 진정한 민족병원으로 거듭나는 것이 목표다. 한의학은 현대에 맞게 재정

립하는 등의 노력을 통해 꾸준히 발전해 왔다. 지난해 자생한방병원은 미국 평생의학교육인증원(ACCME)의 정식 보수교육 제공기관으로 인증받았다. ACCME는 미국 의사의 지식 습득과 의료기술 수준 향상 등 역량 강화를 위한 보수교육 기준을 제정하고 보수교육 기관을 인증·관리하는 비영리단체다. 즉 자생한방병원이 미국 의사를 한국의 한방의료기관에서 교육할 자격을 갖췄고 또 그 역할을 잘하고 있다는 방증이다. 후학 양성에도 박차를 가하고 있다. 매년 '신준식 장학금'을 통해 전국 12개 한의과대 및 한의학전문대학원에서 선정된 12명 학생에게 연간 등록금을 지원하고 있다. 이 외에도 한의학 연구개발 지원, 국내외 유수 대학들과의 협력, 보다 많은 국민이 한의 치료를 접할 수 있도록 건강보험 보장성 확대 등을 이뤄나갈 계획이다.

신민식 사회공헌위원장

한의사 독립운동가 신광열 선생 발자취

만세 시위 이끌다 수감, 독립운동가 몰래 치료도

신준식·신민식 형제 한의사의 선친인 청파 신광열(신현표)선생은 독립운동가이자 한의사다. 1903년 함경남도 북청군에서 태어나 9세 되던 해 만주로 항했고, 그곳에서 일제가 자행한 침략을 보고 자랐다. 성인이 된 1925년에는 제일 정동학교의 훈도(교원)로 재임했다. 당시 정동학교는 다수의 독립운동가를 배출했으며 근무하던 모든 교사 또한 독립운동가로 활동했다.

독립운동가 육성에 힘을 쏟았던 그는 1930년 간도에서 3·1절 11주년을 앞두고 대대적으로 일어난 만세 시위를 이끌었다. 학생들은 일본 조계지 철조망 앞에 서서 집회를 전개했고 이에 일본 헌병사관 기병대는 무력 진압을 시작했다. 당시 주동자로 지목받은 신광열 선생은 현장에서 경찰이 휘두른 경찰도에 맞아 얼굴이에 30cm나 되는 큰 자상을 입었다. 이후 국경일본영사관 경찰에게 체포돼 경성 서대문형무소로 수감됐다. 이때 수감번호가 1679번이었다.

석방 후 그는 의사 시험에 합격해 만주에 광원의원을 개업한다. 이후 8년간 의원을 운영하며 부상당한 독립운동가들을 비밀리에 치료했다. 1942년에는 숙부인 독립운동가 신흥균 선생을 따라 만주 목단강시(하얼빈)로 동승촌으로 향한 신광열 선생은 군수품과 독립운동 자금을 항일 연합군부대에 조달하는 역할을 수행했다.

1945년 광복을 맞자 그는 해동 신익희 선생이 주도하던 정치공작대

에 가입했다. 신광열 선생은 함경도 책임위원을 맡아 북으로 파견돼 구국 활동을 펼쳤다. 분단 이후에는 국가를 위해 자신이 할 수 있는 역할을 고민하다가 일제할 한의학 말살 정책으로 위기에 처한 한의학을 재정립하기 위해 본격적인 연구를 시작했고, 1955년 한의사 시험에 합격했다.

한방과 양방의 의사 자격을 모두 취득한 신광열 선생은 아산시 도고 역 앞에 청파 한의원을 개원한 뒤 의료시설이 낙후된 마을로 17번이나 이사를 하며 지역의술 활동을 펼쳤다. 그는 1980년 작고까지 의료활동을 멈추지 않았으며 민족의학 부흥의 토대를 쌓았다. 정부는 이러한 그의 공훈을 기려 지난 15일 독립유공자 대통령 표창을 서훈했다.

류장훈 기자

지난 15일 독립유공자 서훈을 받은 한의사 신광열 선생.

네 안에 내가 있고

11. 네 안에 내가 있고

'네 안에 내가 있고!'

준아, 민아, 너희들 마음 안에 내가 있고, 내 마음 안에 너희들이 우리 가족들이 들어앉아 있단다. 또한 의사의 가슴 안에는 환자의 아픈 마음도 넣을 수 있어야 한다.

그래야 환자도 진정으로 의사를 신뢰하게 된다. 치료 극대화는 단순히 의학적 물리학적 기계에 의한 것만이 아니란다. 명심하거래이!

청파는 제1차 '월남유서'를 작성한 이후 약 10년 만에 다시 1969년 12월, 제2차 '월남유서'를 차분하게 붓으로 재정리 보완하였다.

"나는 저세상에 가서 부모님에게 사죄하고 내 자녀들에게도 속죄해야 한다. 준식아! 민식아! 나중에 너희들이 장성하여 내 심정을 이해해 주겠니?"

준과 민, 두 형제 의사가 아버지의 제사에 공손하게 술잔을 올렸다. 손자와 가족들 모두 모였다. 아버지 청파가 돌아가신 지 1987년 벌써 10주년이다. 그러나 아버지는 고향이 이북청이어서 남한에 친척이 별로 없다. 손자 손녀 손주들까지 다 합해 보아야

10명 안팎이다.

그러나 두 형제는 아버지의 가훈 '긍휼지심'矜恤之心 유지를 목숨같이 받들어 오고 있다. '남을 불쌍하게 생각하면 반드시 지극하게 도와주어야 한다' 진심으로 정성껏 환자를 모시라는 것이다. 그것이 오늘날 자생한방병원의 철학이다.

다음은 아버지의 인생 후반기 해방이후 남한에서의 삶 흔적이다.

1945년 해방정국 한국사회는 좌우파로 갈라져 왜곡되고 있었다. 청파는 신익희의 지시로 원래의 직업인 한의사로 돌아갔다. 정치공작대의 해체 이후 정치와는 완전한 삼팔선을 그었다. 동대문 일대 한약방 등을 찾아다니며 취업에 매달렸다. 신설동에서 다행히 조그만 한약방에 임시 취직을 했다.

그러나 곧 1950년 6.25 김일성의 남침으로 한반도는 아수라장이 되었다. 한반도의 압록강의 지정학적 운명이 제3차 세계대전으로 돌변할 수도 있는 위험한 뇌관이었다. 맥아더 연합군 총사령관은 압록강을 뛰어넘어 중공군을 잡으려고 고집부렸다. 그러나 트루먼 대통령은 그를 해임시킴으로서 중국과의 전쟁을 예방했다.

아버지는 바로 전쟁 직전 1949년(46세) 다행히 어머니 최양귀비를

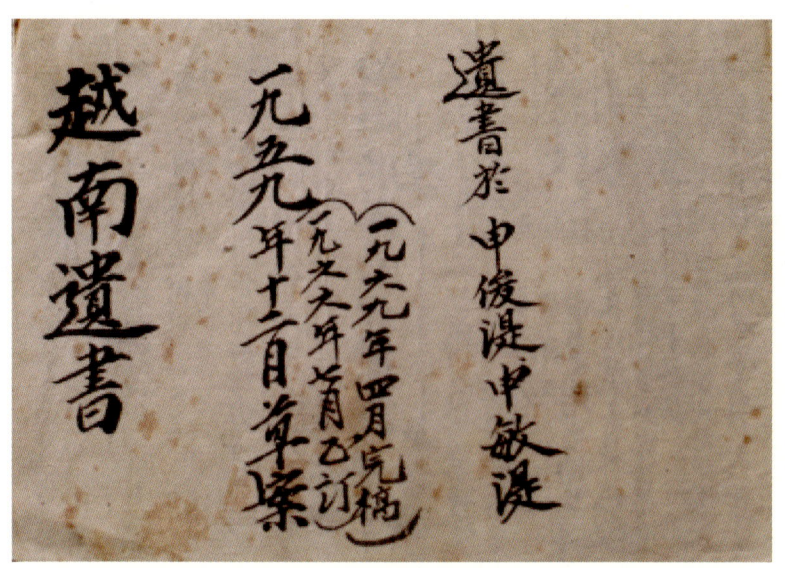

+ 월남유서 초안 1959년 12월 초안, 1966년 7월 개정, 1969년 4월 완고, 유서를 신준식, 신민식에게 1959년의 유서가 1969년 재간본 쓸 땐 자신의 인생을 정리한 회고록이 되었다.

만나 재혼하게 되었다. 불행 중 큰 다행이었다. 어머니가 27세(1921년생) 때 왕십리 성동역에서 인연이 된 것이다. 6.25 혼란 와중에 병원이 폭격을 맞아 다 부서져 버렸다.

그때 가장 어려운 때에 어머니를 만난 것이다. 아버지는 어머니와 약18년 차이가 났다. 그래도 부모님은 마지막까지 좋은 금슬로 살았다. 6.25 사변으로 성동역 광생의원이 폭파되어 아버지는 충남 당진으로 피난을 갔다. 외갓집 가족 11명을 다 데리고 우선 충남 당진으로 피난을 시켰다.

그러나 약 한 달 후, 중공군이 내려왔다. 외갓집 식구를 다시 원래 집으로 이전시켰다. 다행히 그중 첫째 외삼촌 부부는 서울에서 대구로 피난 중이었고, 다음 외삼촌 2명은 지방 의용군에 편입이 되어 부산으로 가게 되었다.

그 난리통에 외할아버지는 눈이 멀어버리고 외할머니는 몸이 매우 불편했다. 그래도 아버지는 진심으로 장인 장모를 극진히 모시었다.

1955년 종전이 되면서 충남 당진에 '청파한의원'을 개업하면서 생활도 점차 안정이 되어갔다. 그러나 한편 북한에 놔두고 온 가족을 생각하면 눈물이 갑자기 꽉 쏟으시곤 했다. 부모님들과 처자식들 생각이 미치면 죽고만 싶었단다.

더구나 정치적 월남으로 인해 부모님과 자녀들이 북한 보위부에게 찍혔다. 광복 직후 아버지는 신익희의 정치공작대원으로 함경북도 담당 북청에 밀파되었다가 발각되었다.

원래 고향 북청철도병원 원장이었던 그는 소련군들의 만행을 참을 수가 없었다. 또한 태평양전쟁 속 미군들의 유황도 폭격 등으로 세계정세의 불안을 읽었다.

그래서 일단 남한으로 가서 자리를 잡은 다음 부모님과 가족들을 다시 데려올 생각이었단다. 그러나 신익희의 정치공작대 요원으로 북한에 밀파되었다가 고향 북청에서 발각되는 바람에 급히 탈출한 것이다. 아버지는 늘 자기로 인한 가족들의 고통을 생각하면 살아 숨 쉬는 것조차 미안했다.

그러다가 6.25 피난지 당진에서 갑부 김수남 사장을 만났다. 그는 선주였다. 조기잡이 배 등 몇 척을 가졌으며 19칸짜리 대궐에 살았다. 그 동네 부잣집 김수남 사장의 소유였다. 그의 장남 김영철이가 반신불수로 고생을 하고 있었는데 아버지가 영철이를 완치시켜주자 그 보답으로 그의 문간방에 임시거처를 제공해 주었다.

- 영철이가 3살 때 소아마비에 걸렸는데 6살이 되었어요. 손이 이렇게 비틀어졌어요. 꽃을 들려면 이렇게 어렵게 들었어요. 다리도 이렇게 심했지요.
- 우리 아들을 고쳐만 주시오. 원하는대로 다 드리겠습니다. 많은 의사가 몰려왔지요. 한의사, 양의사 다 법석을 쳤지만 못 고친 거예요.
- 그런데 청파라는 의사가 이북에서 왔는데 귀신의사라고 소문이

나 있으니까, 저를 초청한 거예요.
- 우리 귀한 아들 한번 고쳐주면 내가 당신에게 병원을 하나 차려 주겠소이다.

그때부터 아버지는 더욱 지극정성을 드렸다. 불치병 치료라는 게 어디 기계적 의학으로만 되는 게 아니다. 어머니는 새벽마다 산에 가서 침통하고 주사기를 꺼내놓고 예수님에게 기도까지 드렸다. 어린아이의 소아마비를 고치기 위해 온갖 정성을 다하신 것이다.

- 전지전능하신 그리스도 예수님, 이 불쌍한 아이를 제발 고치게 해주십시요.
- 그때 어머니가 교회에 나가니까, 아버지도 함께 나가신 겁니다. 지극 정성으로 두 분이 함께 치유 기도를 하신 것이지요. 그러자 김영철 6살 어린이의 비틀어진 몸이 점차 온전하게 돌아오는 거예요. 신기하지요. 기적입니다.

어느 날, 꽃을 들어보라니까, 거의 정상적인 각도로 드는 거예요. 다리도 못 펴서 못 걷던 아이가 펄떡펄떡 뛰어가기도 했어요. 그 아들 본인도 놀래고 그 아버지도 김수남 사장도 완전 놀랜 거지요. 동네 사람들이 신기하다면서 매일 뛰어다니는 아이를 보러 왔어요.

- 영철아! 낳기는 내가 너를 낳았지만 지금부터 너의 양아버지는 여기 청파 의사 선생님이시다. 청파 선생님을 이제부터 아버지라고 불러라!

마을에서 큰 잔치를 벌렸다. 깨끗한 한지에 '청파 선생은 이제부터 김영철의 양아버지이다' 찐하게 써서 소지燒紙로 불에 태워 하늘 높이 날리는 의식도 간절하게 올렸다. 이 사건으로 청파가 지역에서 떠들썩한 의사로 등극하게 된 계기가 되었다.

그랬는데 이상하게도 나중에 김수남 집안이 몰락하고 말았다. 그때는 배에 선박보험이 없었다. 배가 몇 번이나 풍랑을 만나 다 부서져 망한 것이다.

- 그래서 아버지도 거기에 더 있을 수 없어서 근처 평택으로 이사를 할 수밖에 없었어요. 거기서 '청파한의원'을 개원하시면서 평택군 한의사협회 회장도 하셨어요. 그때 1969년 제가 18살 고등학교 2학년 때이었어요.
- 맞았어 형! 나도 그때 현관 앞에 서 있던 김영철을 보았어요.
- 우리 집은 다 몰락했고 이제 제가 양아들이니까 한번 인사드리

러 왔습니다.

– 얼마나 반가웠겠어요.

아버지가 즉시 집안에 들여서 또다시 영철이 형을 치료해줬어요. 폐결핵이니까 고급주사를 놓고 지극 정성으로 인삼 녹용 등 한약을 지어서 먹였습니다. 당시 폐결핵은 무서웠습니다. 그러면서 비싼 항생제 등 주사를 매일 놓았지요.

– 그때 나도 고생을 좀 많이 했어요. 영철이 형은 윽! 하면 피가 한 바가지씩 방바닥에 쏟아졌어요. 폐결핵 3기에 우리 집에 찾아온 거예요.

얼굴은 창백하게 바짝 말랐으며 산 송장 같았어요. 정말 곁에서 참기 힘든 상황이었는데 우리 어머니가 독실한 기독교 크리스천이라 나한테 영철이 형하고 밥도 같이 먹고 잠도 자라는 거예요.

– 니가 진짜 형을 불쌍하게 생각하고 또 진실로 사랑해야 한다. '긍휼지심'을 가지고 형을 치료하기 원하면 하나님이 다 보호해 주신다. 그러면 결핵균이 너한테 옮지 않는다. 그런데 니가 그걸 껄쩍지근하게 생각하고 안 좋게 생각하면 결핵균이 옮길 수 있다.

어머니가 울면서 말씀하실 때 아버지는 아무 말도 안 하시고 듣고만 있었어요.

– 좋아요. 그러면 어머니! 잠은 같이 자도 밥은 따로 먹게 해주세요.

― 그러면 또 어머니가 야단을 치는 거예요. 밥 먹을 때 욱! 하면 검붉은 피가 쏟아질 때마다 나는 비위가 상했어요. 그래도 어머니 말씀을 마음에 새기면서 밥을 먹었어요.

아버지의 고집으로 우리는 당진일대 시골 동네에서 약 10년간 무려 17군데를 이사 다녔다. 1년에 두 번씩이나 이삿짐을 꾸린 것이다. 왜냐하면 시골에는 의료시설이 거의 없었으며 의사도 만나보기 어려웠다. 그래서 아버지는 40리씩 산골 및 어촌의 무의촌으로만 이동했다. 그렇게 한 곳에서 어느 만큼 안정이 되면 다시 이전했다.

지금 생각하면 아버지의 인술仁術과 헌신은 몸에 밴 것이다. 기계적인 의술이 아닌 인간적인 인술이다. '긍휼지심'으로 환자를 봐야 하며 불쌍한 사람을 보면 반드시 구출해야 한다는 것이다. 말보다 마음보다 행동으로 하라는 것이다. 늘 과묵하신 아버지는 행동으로 모든 것을 말해 주었다.

아버지는 주말에도 안방에 한번 누워있지 않고 나를 짐 자전거 뒤에 태우고 왕진 다니었다. 어느 마을이나, 어느 집이나 환자가 없는 곳은 없었다. 이 세상 자체가 환자와 환난의 지구가 아닌가.

덕분에 준은 초등학교도 두 번, 중학교도 두 번씩이나 전학을 다니며 고생해야 했다. 우선 주변 친구 사귀기가 어려웠다. 자칫하면 왕따당하기 때문이다. 깊은 시골일수록 오히려 텃세가 심하고 배척심이 강했다. 환경이 단순할수록 일상생활 패턴이 지겹게 반복되기 때문이다. 무엇인가 놀이깜이 절실해진다.

때로는 인근에서 시골동네 사람들이 찾아와서 반강제로 아버지를 데려갔다. 그러면서 문간방을 내주면 거기서 임시 응급실을 차려서 수술도 하고 침도 놓았다. 그런 열악한 곳에서 아버지가 일단 시골동네로 들어가면 마을 사람들이 아예 딴 데로 못 가게 하는 것이다.

6.25전쟁으로 농어촌이 빈약했고 병원도 거의 다 파괴되었다. 그 곳에서 약 2년을 살다가 다시 당진군 남원포로 이사하여 약 4년간 '광생의원'을 개원하였다. 그 곳에서 이웃 주민들의 요청으로 남원포 옆 선장면으로 이전하여 광생의원을 하면서 한의사 면허시험에 전념하였다. 결국 서울 한의사 시험에 합격 하였다.

그런데도 한국 사람들은 우리 민족의학인 한의학 기술과 능력을 무조건 무시하고 외면하고 있지 않은가. 그것은 일제가 약 36년간 철저하게 한의학을 말살했기 때문이다.

약 5천 년, 특유의 민족정신이 깃든 한의학은 단순히 기계적 의학적 메커니즘뿐만 아니라 전통정신이 배어 있는 것이다. 한의학은 중의학 또는 일본 의학과는 분명히 다르다. DNA 핏기와 핏줄이 다르듯 정신적 염색체 구조 자체가 차이가 있다.

다만 한의학, 중의학, 양의학은 각자의 특생과 장점이 있는 것이다. 즉 기氣의 유무인식에 따라 동서의학이 크게 구분된다. 동양에서는 기의 운용과 처방을 치료의 근간으로 하는 반면에 서양에서는 눈에 보이지 않는 기를 무시하는 진단방법이다.

그들의 사고방식의 가치관도 고대 근간사상 뿌리인 플라톤과 아리스토텔레스의 '이기이원론'理氣二元論 대결에서 기원이 된다. 한국에서도 이퇴계와 이율곡의 이기론이 맞붙기도 했다.

요즘 전세계 의학연구의 흐름이 장수의학 즉 노인의학이다. 인간은 과연 어떻게 하면 현재의 평균 나이 약 80세의 두 배 150세로 지연시킬 수 있을 것인가? 그 중심에 뇌과학이 전제되고 있다. 처칠은 90세 되던 해에 마지막 상원자리에서 내려왔다. 지금 바이든 대통령은 80세이다. 그때 맥아더의 나이도 70세였다.

열정은 나이를 초월하는 것 같다. 나이가 열정인지, 열정이 나이인지 헷갈린다. 이제 AI 첨단 디지털 시대에는 150세까지도 생리학적으로 가능하다.

처칠은 90세에 마지막 의원직을 내려놓기까지 거의 매일 독한 위스키와 굴뚝 담배를 하루종일 물고 다녔다. 운동도 하지 않아 심혈관질환 난쟁이 똥땡이로 유명하다. 사관학교 입학시험에는 3번이나 낙방했다. 그러나 늘 명연설과 탁월한 유머로 낙천적으로 지냈다. 영국인들의 우상이며 지금도 가장 존경하는 인물이다.

뇌 과학에서 주요연구 대상 가운데 하나가 윈스턴 처칠이다. 그의 정신과 육체 구조와 신경망은 과연 일반사람들과 어떻게 다른가 연구 대상이다. 그는 평생 우울증을 앓았다. 아버지는 매독으로 젊은 나이에 죽었으며 자녀들은 알코올 중독자가 되기도 했다.

그런 극심한 가족환경 프레임 우울증 속에서도 어찌 90세까지 그렇게 행복하게 살 수 있었는가 하는 게 의학적 심리학적 연구 주제이다. 그러나 그것은 의학적으로 증명해낼 수 없었다. 그 정답은 그의 명언 속에 담겨 있었다.

"위기에 부딪히면 정면으로 돌파하라, 절대로 도망치지 말라! 물러서면 위험이 두 배로 늘어나고, 결연하게 맞붙으면 위험이 절반으로 줄어든다. 절대로 물러서지 말라, 절대로!"

처칠은 총리를 두 번이나 지냈으며 '제2차 세계대전 회고록'으로 노벨문학상까지 거머쥐었다. 지구에서 처칠만큼 파란만장한 일생을 지낸 사람도 흔하지 않다.

준은 자기 병원장실 벽에 걸어놓은 '청춘'(사무엘 얼만)의 시구를 다시 읽어보며 아버지를 떠올렸다. 아버지도 청춘의 시간이 과연 있었을까, 아니 어쩌면 아버지의 평생은 '청춘의 시' 같이 철저하게 산 것 같다. 다만 정치를 하지 않았다는 것뿐이다.

청춘은 인생의 어떤 시절이 아니라 마음의 상태
그것은 장밋빛 볼 붉은입술 유연한 관절의 문제가 아냐
의지와 상상력의 감성적 활력의 문제이지
청춘이란 인생 깊은 샘의 신선함, 청춘은 욕망의 소심함,
용기와 안이함을 뛰어넘는 모험심이지
청춘은 2십세 청년보다 6십세 노인에게 존재하네
열정을 버리는 것은 영혼을 주름지게 하네
안테나를 올리고 낙관주의의 물결을 잡는다면
8십대라도 2십대 청춘으로 살 수 있으리라

— 사무엘 얼만 : 청춘

+ 청파 신광렬 1903~1980

바가지 침술
도제훈련

12. 바가지 침술 도제훈련

아버지가 준을 마당 끝 펌프로 데리고 갔다. 처음으로 침술훈련을 시키는 것이다. 큰 물통에 시골 바가지를 엎어 놓았다. 그리고 아버지가 허리춤에서 침 지갑을 꺼내어 그중 제일 큰 침을 내 손에 꼭 쥐어주었다. 감격이었다.

늘 아버지 허리춤에 권총 같이 차고 다니는 침 지갑을 나도 이제 찰 수 있는가? 준은 가슴이 부풀었다. 그는 물통 주변을 뱅뱅 돌면서 바가지를 좇았다.

1967년 제가 중학교 2학년 때입니다. 왕진 갔다오신 아버지가 저를 불렀어요. 저는 마루에서 숙제를 하다말고 냉큼 뛰어갔습니다.

- 얘, 준아! 이제 너두 머리가 좀 컸구나, 이제 몇 살이지비?
- 넵, 아부지 15살입니다.
- 그럼, 침을 한번 놓아볼래? 이 바가지를 절대 손으로 잡지 말고 침만 정확하게 꽂아야 한다이.
- 네에, 아부지!

그러나 준의 손끝이 조금만 닿아도 바가지는 미꾸라지마냥 쌩 밀려났다. 이리저리 밀려다니는 바가지에 아무리 침을 꽂으려고 해도 도저히 가까이 할 수가 없었다. 잠깐 지켜보시던 아버지가 정신 집중을 해야제! 한마디 하고는 사라졌다. 어머니가 저녁밥을 먹으라고 부를 때까지 씨름했지만 헛수고였다.

이튿날부터 틈만 나면 바가지를 엎었다. 학교에서도 운동장 수돗가에 가서 세수대야에 바가지를 엎었다. 그러나 '가까이 하기엔 너무 먼 당신!' 유행가가 같이 쇠침은 너무 멀기만 했다.

바가지를 고정시켜 놓고 볼록한 한복판에 침을 뚫기도 힘든데 물에 떠다니는 바가지에 손도 대지 않고 꽂으라니 기가 찰 노릇이다.

더구나 아버지는 침 꽂는 방법이나 기술도 전혀 없이 그냥 말로만 꽂아보라니 원망도 섞였다. 약한달이 넘어서인가 어느 순간 탕! 꽂혔다. 바가지 한복판은 아니지만 밑구녕에 비스듬히 뚫었다.

준은 자다말고 일어나 초롱불을 켰다. 마당에 나가서 물통과 바가지도 가져왔다. 밤새도록 연습했다. 새벽 5시쯤 뒷담 닭장 횃대의 첫닭 울음소리가 어둠을 길게 찢었다.

- 우와, 추카추카!!
- 이제야, 결국 신숭겸 장절공파 신씨가문 제34세손 제7대 한의업이 이어지겠구나.

박수를 치며 우리들 준과 민의 형제방에 뜬금없이 나타난 것은 바로 어머니였다. 어머니는 말없이 준을 지속적으로 지켜본 모양이다. 어머니는 준의 머리를 쓰다듬으며 감동의 눈물을 흘렸다.

- 그때 우리 집은 도고온천에서 아산으로 이사왔어요. 그때부터 아버지가 처음으로 침 잡는 방향과 손끝에 순간적인 힘으로 톡! 치는 기술 등 차근차근 가르쳐 주기 시작했어요.
 '월남유서'와 가출 이후 아버지도 차차 정신적인 회복이 되어 가는 것 같았지요. 나는 침 기술보다 아버지의 눈가에 미소가 나타나기 시작하는 것이 더 좋았습니다.

그런데 문제가 다시 터졌다. 집안이 발칵! 뒤집어졌다. 청파는 평소에 과묵하고 조용하지만 한번 터지면 호랑이 어금니 뽑듯 우리 집 천장부터 발광한다.

- 이눔의 종간나이 시키, 엠헌사람 목숨 다 잡겠네, 아 침술 당장 때려 치지비,

날 밤늦게 귀가한 아버지에게 준은 흥분을 참지 못하고 오십견 침으로 팔이 딸랑 올라간 얘기를 자랑했다. 그러나 즉시 아버지에게

불호령이 떨어진 것이다. 칭찬은 고사하고 개백정이 사람을 잡는다며 밤새 회초리로 얻어맞았다. 종아리 뒷부분이 터졌다. 앞뒤로 피범벅이 되었다. 아버지가 크게 격노한 것이다.

폭설이 쏟아지는 어느 날 저녁이었다. 할아버지 몇 분이 진찰실에 들어오셨다.

- 아버님이 강 건너 마을로 왕진가셨는데 안즉도 안 오시네요. 좀 기다리시겠어유?
- 허어, 우리 동네는 산을 열 고개나 넘어가야 되는 산골 오지에유, 침맞고 바로 떠나야 겨우 집에 도착할지 말지 헌다우.
- 이걸, 어쩌나? 그냥 이대루 갈 수도 없구, 그냥 아들 의사가 한번 봐주구래? 지난 번에두 발바닥에 침을 잘 놔주어서 이캐 걸어댕기니께.

그중 낯익은 할아버지가 자꾸 졸랐다. 단골인 그 할아버지의 다리에 쥐가 자꾸 생겨서 준이 간단한 침과 함께 경락 맛사지를 좀 해 주었다. 발바닥 침은 지금의 수지침과 같이 대중적이어서 침술이라기보다 가정용 응급처치 방법이다.

- 그래애, 얘야!, 침 한번 봐드려! 이 캄캄한 밤에 할아버님들 폭설 속에 그냥 돌려 보내드리면 어떡허냐?

어머니도 재촉했다. 준은 한참 망설이다가 평소에 자기가 훈련하던 침을 몇 개 꺼내왔다. 정성스럽게 어깨에 침을 놓았다. 평소 아버지가 오십견 치료하던 것을 어깨너머로 눈여겨 온 것이다. 그래도 등허리에는 진땀이 흘렀다. 어머니가 한약 십전대보탕도 끓여와 약1시간을 기다렸다.

- 어어어! 이거 손이 발딱 올라가잖아?
- 엉, 이거 봐 내 손도 하늘 높이 돌아가넹!
- 어린 소년의 침 기술이 귀신이여, 즉 아버지 닮았남?

어머니와 민이 달려와 아버지를 끌어안고 대신 빌었다.

- 여보, 그만해 유! 준도 이제 사람 몸에 직접 침을 한번 놓아보고 싶은 게 아니겠시유.
- 이제 맥도 잡을 줄 모르는 눔이 침통부터 흔드냐? 서툰 돌쟁이가 눈껍쩍부터 배운다고 이 천하 백정이 사람잡네?

이제까지 살아오면서 아버지가 아들에게 할 수 있는 가장 무서운 낱말은 그때 처음 들었다. 절망이다. 천정이 내려앉는 슬픔이다. 이 세상에서 하늘같이 믿고 있는 아버지에게서 이런 맹비난을 받다니 그냥 죽고만 싶었다.

돌 깨는 파쇄 석수장이는 돌쟁이 석공들이 정을 들고 망치로 바위를 때리면 불똥이 튄다. 불똥이 튀면 순간적으로 눈이 깜짝거린다. 그러나 불똥이 튈 때마다 깜짝깜짝거리면 바위의 결을 동시에 맞추어 깨는데 공통적인 리듬이 안 맞게 되는 것이다. 신참들은 불똥에 놀래어 눈을 깜짝인다.

그러나 고수들은 불똥이 튀어도 두 눈 크게 뜨고 정 때리는 리듬에 맞추는 것이다. 즉 어려운 일일수록 충분히 숙달을 해야 한 뒤에 시작해야 한다는 위험한 침술 비유였다. 더구나 침술은 사람의 생명이 오가는 고도의 의료행위가 아닌가.

그때부터 준은 침을 잡을 때마다 바르르 떨었다. 이게 그냥 바늘이 아니구나! 사람의 목숨을 죽이고 살리고 하는 무서운 미사일 뇌관이다. 급소를 다루는 우주의 피뢰침이다. 아버지로부터 의학의 위험과 동시에 위대함을 몸으로 깨달은 것이다. 그날 밤 꿈에 어머니가 보였다.

당신이 보여요

당신의 눈이 촉촉해요, 사랑으로 가득 찬 눈

언제부터인지 조금씩 당신을 알게 되었어요

예전에는 몰랐거든요

당신은 보이지 않는 사랑과 소리 없는 헌신을 주었지요

그땐 정말 몰랐어요, 다른 데 정신이 팔렸거든요

정신 차리고보니 다 소용없었어요.

촉촉한 당신의 눈만이 애처롭게 나를 바라보고 있었지요

무언의 눈빛으로 이야기하곤 했지요

콩깎지 좀 벗으라고 그래서 벗었지요

그러니 당신이 보이네요

침술은 기술이 아니라 의술이며 의술은 인술이라는 것을 몸으로 익혔다. 환자의 생명을 다루는 피뢰침! 그 큰 깨달음은 지금도 준의 머리 송과체에 깊이 박혀 있다. 아버지의 침술은 6대째 한의사 집안의 비법이 있었다. 약 2백 년간 북청 신씨 한의원의 가보 전수비법이다.

― 자아, 좀 걸어보세유.

- 아니, 나 혼자 몸 가누기도 힘든데 무신 무거운 맷돌을 들고 걸으란 거에유?
- 그래두, 아주머니 걸어보세유.

환자 아주머니는 불평하면서도 할 수 없이 걸었다. 그런데 아주머니는 거뜬하게 걸었다. 좀 뒤뚱거리긴 해도 한 바퀴 확실하게 걸었다. 아주머니의 등허리에는 허연 침바늘이 반짝반짝 빛났다. 진료실 안의 다른 환자들도 숨죽여 지켜보았다. 청파의 특유한 한방 외과비술 '멧돌 들기' 실험이다.

- 아주머니 다시 걸어 보시겠어유?
- 어어 연득없이 내 몸이 이기 머야? 나참!

아주머니는 이전과 같이 앉은뱅이로 일어서지도 못했다. 아버지가 환자의 허리에서 침을 다 빼었기 때문이다. 신기하다, 침을 빼면 풍선 바람 빠지듯 힘이 탁 빠지고, 침을 꽂으면 장작불 불꽃 튀어오르듯 기운이 팍팍 치솟는 것이다. 우리들 일반사람들의 생각과 정반대 현상이 나타나는 것이다.

아버지가 침을 다시 꽂았다. 그리고 맷돌을 다시 들어보라고 하자, 그 아주머니는 벌떡 일어나 역기에 끼는 쇠바퀴 같은 맷돌을 번쩍 들고 다시 한 바퀴 돌았다. 우리 몸에 침을 꽂으면 에너지 우주의 기가 우리 몸속에서 음양으로 부딪혀 불꽃을 일으키는 것이다.

- 이 가전비방 비술이 현재 자생한방병원 'MSAT 치료법'의 원조가 된 것이지요. 이제 전국의 자생 20개 병원에서도 이 맷돌 들기 치료법의 현대적 버전인 한의학 신기술 치료법이 실시되고 있습니다.

청파의 가전비술을 준이 첨단의학과 의료 장비를 바탕으로 더욱 업 그레이드하여 이미 2천 년대 초부터 미 국방성 국가의학기관과 독일과 스웨덴 등 유럽의 의료재단과 합작 발전시켜 오고 있다. RAY, MRI 등 방사선 장비의 발달로 인체 곳곳의 경락 침술의 물리적 의학적 효과가 그대로 드러나고 있다.

그런데도 우리의 이러한 전통 한의학이 오히려 우리나라 본토에서 외면 당하고 있는 것이다. 일제강점기 독립군들이 목숨 걸고 헌신한 것도 강우규, 신굴, 청파 등 한의사들이다.

- 여기 자생한방병원 벽면에는 모두 7대에 걸쳐 한의사 가업 세대를 보여 주고 있네요. 여기 신호는 누구인가요?

KBS인터뷰가 계속 되었다.

- 그분이 바로 여기 자생 MSAT 치료법의 원조인 맷돌 들기 주인공 우리 아버지 청파 어르신이지요. 만주 독립운동 때는 가명이 '신호申琥'이었지만 해방이후, 새 삶을 시작하시면서 신광렬 '청파靑坡'라는 호를 쓰셨어요.
- 그래서 이곳 도고온천 지역에 한의원 이름도 '청파한의원'으로 간판을 내걸었지요. 이때 제2차 '월남유서'를 10년 만에 재정리 보완했습니다.
- 초간본은 급하고 불안정한 정신 속에서 펜으로 마구 흘려 썼지만 재간본은 차분하게 붓글씨로 단정하게 썼지요.
- 그 다음 우리 형제 준과 민이 제7대 한의사 세대입니다. 이 동생 민은 아버지가 환갑 때 겨우 얻었습니다. 나와는 11년 차이로서 현재 자생의료재단 사회공헌 사업을 맡아 어려운 독립유공자 가족 또는 6.25 참전용사 가족 등도 보듬어 주고 있습니다.

+ 자생의료재단 신준식 명예 이사장이 사회 의료 봉사하는 장면

달동네
그믐달 그림자

13. 달동네 그믐달 그림자

1971년 서울에 처음 올라왔다.

마포에 있다가 다시 홍제동에 함남한의원을 개원하였고, 그 후에 준이가 경희대 한의대에 입학 하였다. 마포나 홍제동은 서대문형무소 반경에 약10분 거리에 있는 곳이다. 아버지는 시퍼런 청년시절 28세 때 겪은 수형번호 1679호 서대문형무소 인근의 혼령을 떠나지 못하는 것 같다.

우리 함남한의원 병원이 있던 홍제동 유진상가 북쪽에는 달동네가 산등성이를 타고 쭉 이어져 나갔다. 준은 그날도 아버지와 함께 자전거를 끌고 환자 왕진을 갔다. 부자가 늘 자전거를 함께 하는 것은 변함이 없었지만 달라진 것은 이제 거꾸로 준이 아버지를 모시고 다니는 것이다.

어렸을 때는 아버지가 준을 자전거 뒤에 태우고 다녔지만 이제는 거꾸로 그가 아버지를 뒤에 모시고 다닐 정도로 언뜻 컸다. 건장한 고교 졸업반이 된 것이다.

폭우 속 달동네 산꼭대기 오르는 것은 걸어서도 힘든데 짐 자전거를 끌고 올라간다는 것은 더욱 힘들었다. 무거운 왕진가방에 건어물과 미역을 꽁꽁 묶어서 밀고 올라갔다.

― 아이구, 의사 선생님, 죄송헙니데이, 이거 워떡헌댜?

병원으로 왕진 요청을 해온 무거운 왕진가방은 자기 어깨에 메고 먼저 올라갔다. 오래되어 낡았지만 6.25 때 미군 가방이라 가죽이 튼튼했다.

꽈다당! 결국 진흙탕 고갯길에 미끄러졌다. 자전거를 계단 아래로 때굴 때때굴 재미있게 굴러떨어졌다. 아버지도 발을 헛디뎌 벼랑 아래로 한참 미끄러져 내려갔다.

지나가던 행인들이 손바닥까지 쳐대며 웃었다. 다행히 벼랑은 완만한 경사라 크게 다치진 않았다. 그러나 너무 미끄러워서 한번 미끌하면 맨 아래까지 내려갔다가 몇 번이나 다시 올라와야 했다. 더구나 내동댕이쳐진 왕진가방 등을 다시 묶어야 했다.

― 그때가 아마 형님이 20살이고 제가 10살 때인 것 같아요. 그때 기억이 쌀 갖고 저를 데리고 어디를 가셨잖아요. 아버님이 내 손을 잡고 가셨어요. 근데 어디를 가는지 몰랐어요 나중에 보니까, 그 달동네인 것 같아요.

― 그래애? 민이가 초등학교 때 3학년이었던가? 누런 콧물 흘리며 구래두 죽자살자 아버지를 좇아다녔제

― 아버지와 제가 산꼭대기 홍제동 달동네까지 한참 올라갔는데 어

떤 할머니가 버선발로 뛰어나왔지유, 추위에 떨고 있는 나를 안고 장작불 타는 부엌으로 데려갔어유. 어두컴컴한 방 안으로 들어가 보니 산모 아줌마가 누워있었어요. 아버님은 쌀을 어깨에 메고 미역 줄기를 다른 손에 들고 갔지유.

- 너도 그런 경험이 한번 있었구나 그런데 나는 아버지하고 자주 그런 일이 있었어. 아버지가 자전거 뒤에 쌀하고 먹을 것을 얹고 나를 데리고 환자 있는 집에 가서서 전달하는 것을 많이 했어.
- 아, 형님은 자주 그런 경험이 있으셨구나. 그런데 아버지는 나에게 왜 갔는지, 아버님은 왜 내 손을 잡고 달동네에 갔는지 어떤 마음으로 살아야 하는지 아무 말씀도 안 하셨지요. 이제 이렇게 나이가 들어 형님과 같이 이런 과거사 얘기를 하니까, 찡하네요.

지금 와서 아버지가 어린 내 손을 잡고 달동네 환자에게 가서 쌀을 전달한 게 이게 무슨 뜻인가? 새롭게 느낄 수 있는 것 같아요. 어떻게 살아야 되느냐, 무엇을 위해 살아야 하느냐, 하는 되물음 같은 거 말이에요.

홍제동, 홍은동 일대 달동네에는 '3.8 따라지' 월남 피난민들이 몰켜 살았다. 건축 노동자나 봉제공장 아줌마 등 일용직 극빈자들이 많았다. 그 달동네에 왕진 한번 가려면 반나절을 허비해야 한다. 그래서 대개의 병원에선 돈을 열 배로 준다고 해도 손사래를 치는 곳이다. 3.8 따라지는 휴전선 38선을 넘어온 피난민들을 경멸하는 유행어였다.

─ 우리 마누라가 애기를 낳는데 부황이 들어서 금방 죽을 것 같아요. 우예 선상님! 제발 살려주이소.

무릎을 꿇고 비는 아저씨 뒤를 아버지는 암말도 않고 따라나선 것이다. 어디 이런 일이 한두 번이랴, 준은 이미 아버지의 평소 생각을 잘 읽고 있었다. 무릎을 꿇지 않아도 된다. 환자만 있으면 공동묘지 한복판이라도 찾아가는 성격이다.

아저씨가 방문을 급히 열어젖히자 백두산이 먼저 보였다. 암놈 멧돼지같이 높은 배가 금방 폭발할 것 같았다. 얼굴은 거의 두 배로 누렇게 부황이 들었다. 먹지 못해 얼굴 가죽이 뜬 것이다. 산모가 애를 낳아야 하는데 아무것도 먹지 못한 모양이다. 얼굴이며 온몸이 풍선같이 부어올랐다.

전국에 이렇게 못 먹어서 부황으로 죽은 산모도 많았다. 아버지는 주저 없이 아기부터 살폈다. 다행히 아기는 미숙아이지만 안전하게 받아내었다. 우리가 산모 방에서 일어났을 때는 이미 캄캄한 밤이 되었다. 그동안 마당의 펌프 물을 퍼서 끓이고, 짐 자전거에 싣고 온 미역 등을 푹푹 삶는 등 시간 가는 줄 몰랐다. 애애앵! 사이렌이 터졌다.

- 엉? 12시 통금시간이넹?
- 이거 워떤다?

아저씨는 걸핏하면 워떤다? 반복했다. 밤12시 통행금지 시간에 잡히면 경찰서 유치장에 갇혀야 한다. 그래도 아버지는 일어섰다.

- 어이구 의사 선상님, 왕진비는 외상으루 안 될까요?

치료비는 고사하고 당장 먹을 것조차 없는 달동네 집이란 걸 아버지는 이미 알고왔다.

- 아저씨, 전혀 걱정하지 말구, 나중에 돈 벌면 갚으시유.

우리 삼부자는 다시 터덜터덜 미끄러지며, 뒤집어지며 같이 산비탈을 내려왔다. 어머니는 그때까지 우리를 기다리고 있다가 걸레가 된 우리들 옷을 밤새 빨았다.

- 얘 민이야! 아무래두 그 백두산 아줌마 집에 니가 한번 갔다 와야겠다.

며칠 후, 아버지는 내 어깨에 커다란 미역하고 돈 5000원을 내 호주머니에 찔러 주었다. 내가 그 무거운 미역을 지게에 지고 산비탈을 한참 올라갔다.

그래도 기뻐할 아저씨와 아줌마 얼굴을 생각하니 하나도 무겁지 않았다. 다행히 덜 미끄러웠다. 산모는 토끼 눈같이 초롱초롱한 눈알을 가진 갓난아기에게 젖을 물리고 있었다.

그때 산비탈을 다시 내려오면서 홍제동 로터리 유진상가 멀리 인왕산 산봉우리로 떨어지던 석양이 얼마나 찬란한 황금마차로 달리던지 지금도 기억이 뚜렷하다. 한 사람의 생명을 아니 아기와 엄마와 두 사람의 목숨을 구한 것이다.

그리고 나서 어머니가 샴푸하시고 나서 그것을 나보고 쓰라고 하셨는데 민은 그 샴푸도 몰래 그 산모 아줌마에게 갖다주었다. '긍휼지심'은 누가 가르치는 것이 아니고 성격인가보다 한가족 모두 부자간, 형제간 전염되는 선행이다.

+ 강우규 한의사 서울역 폭탄의거 (출처 국가보훈부)

폭주하는
아시아의 시간

14. 폭주하는 아시아의 시간

1. 남대문역 폭탄의거 강우규 한의사

'준'의 동생 '민'은 잠실자생한방병원 원장으로서 역시 청파 아버지의 유지를 받들어 형제 한의사가 글로벌 K-한의학 발전에 헌신하고 있다. 특히 민은 한의학 박사이면서 엉뚱한 융합 고고학을 또한 전공하고 있다.

따라서 아버지 청파 신광렬과 둘째 할아버지 신홍균의 독립항쟁 흔적은 물론이고 특히 군의관 한의사들의 행적을 찾아 중국, 일본 등 현장을 찾아다니며 발굴을 하고 있었다.(중앙일보 1975.04.16 '남기고 싶은 이야기들' - 연재, 상해임시정부)

2020년 가을이다. 민은 만사 제쳐놓고 도쿄행 비행기를 탔다. 신홍균 할아버지와 같은 독립군 군의관 한의사들의 자료를 찾고 논문을 쓰기 위해서이다. 일본 국립도서관 관방부 국제외교 특수자료실이다. 몇 년간 드나들어 몇 명의 도서관 간부들 얼굴을 잘 알고 있다.

한의사이면서 독립운동가인 반국가적색 인물 파일의 '강우규' 표지에는 누렇게 뜬 이름이 희미하게 보인다. 수사 검사 자료일지를 급히 넘겼다.

강우규 파일이다.

1919년 9월 1일 오후 5시, 부산에서 출발한 특별열차가 남대문역(서울역)에 예정대로 정확하게 도착했다. 하얗고 긴 화통 기관차 연기를 배경으로 신임 총독 사이토 마코토(1858~1936)가 유난히 흰 해군제독 군복을 과시하며 계단을 내려왔다.

어둡고 우중충한 남대문역 주변과는 달리 해군 총사령관의 하얀 해군제복은 한 마리 백조같이 하늘에서 천천히 내려왔다. 서울시내 고급 공무원들은 총동원된 것 같다. 시민들도 왕창! 몰렸다. 3.1운동 직후 한반도는 정육점 고깃간같이 살벌한 핏빛 분위기이다. 기침만 해도 저절로 핏덩이가 쏟아질 정도로 공포와 긴장의 시간이다.

독립선언서를 낭독하던 손병희 등 33인과 천안 유관순이며 바로 머리 위 서대문형무소에서에서 '대한독립'을 소리치고 있었다. 남대문역과 서대문형무소는 한달음에 닿는 가까운 거리이다. 그 건물들 중간에 조선총독부 악마의 발가락 같은 검은 지붕도 보인다.

그래서 국보 제1호 '남대문'은 근현대 조선시대 역사의 상징적인 거리이며 남대문역은 사이토의 양날 식민정책의 시작을 보여주는 현장이 되었다. 전국에서 수백만 명의 흰옷들이 일본 경찰의 날렵한 군도시 칼날에 붉게 물든 3.1운동이 폭발된 지 겨우 6개월 만에 새로운 총독이 계단을 내려오니 모두가 숨도 못 쉬며 올려다보았다.

쾅 쾅 쾅! 그 순간 폭탄이 남대문역 지붕 위로 불꽃을 던졌다. 초가을 맑은 하늘 새털구름 옆구리에도 검붉은 핏물이 튀었다. 계단 맨 앞줄에 도열해 있던 조선총독부 국장 및 서울시경 국장 등 최고위급 공무원들 30여 명이 졸지에 쓰러졌다. 그중 3명이 즉사하고 33명 중상자들이 병원으로 실려갔다.

- 잡아라앗! 죽여라앗!

사이토의 가증스런 얼굴을 향한 폭탄은 그의 강철 허리띠를 맞고 튀었다. 일제 군경은 즉시 눈썹을 뒤집어 쓰고 공포를 쏘고 범인을 쫓았지만 이미 연기같이 사라졌다. 엉뚱한 청년들이 무차별 끌려가면서 개머리판으로 얻어맞았다. 머리와 얼굴 가슴 등에서 피가 철철 흘렀다. 아주머니들이 청년들을 잡아가는 경찰들 뒤통수에 돌멩이를 던졌다.

- 덴노헤이까 반자이!
- 만세, 만만세! 대한독립 만만세!

폭탄이 터지는데도 일제 헌병대들은 덴노헤이까 반자이!를 외쳐대었다. 사이토는 족제비와 같이 잽싸게 황금마차에 올라탔다. 계단 바로 밑에 대기해 있던 탱크 같은 쇠 마차이다. 그러나 시경국장 안

내로 다시 호위용 자동차에 급히 올라탔다. 달려 달려엇! 재수없게! 그는 자동차 밖으로 침을 퉤퉤! 뱉으며 조센징 빠가야로!! 외쳤다.

발 디딜 틈이 없이 몰려든 시민들이 독립만세를 외치며 사이토에게 달려들었다. 어디선가 손에 손에 태극기 깃발도 전달되었다. 삐라 등 광고지 뒷장에 즉석에서 그려진 태극기들이다. 한민족의 그치지 않는 민족의식과 의지가 사이토의 간담을 서늘케 한 이벤트가 되었다. 어디선가 독립군 '용진가'가 우렁차게 합창되었다.

요동 만주 넓은 뜰을 쳐서 파하고 / 여진국을 토멸하고 개국하옵신 동명왕과 이지란의 용진법대로 / 우리들도 그와 같이 원수 쳐보세

배를 갈라 만국회에 피를 뿌리고 / 육혈포로 만군 중에 원수 쏴 죽인 이준과 안중근의 용진법대로 / 우리들도 그와 같이 원수 쳐보세

나가세 전쟁장으로, 나가세 전쟁장으로 / 검수도산 무릅쓰고 나아갈 때에 독립군아 용감력을 더욱 분발해 / 삼천만번 죽더라도 나아 갑시다

— 빠가야로! 조센징 빠가야로!
— 덴노헤이까 반자이!

일제헌병 기마대들이 증강되어 피 튀기는 아수라장이 되었다. 태극기 부대들은 그길로 종로2가 탑골공원으로 행진했다. 이튿날 아

사히, 오사카 신문 등 언론기사가 폭주했다.

'남대문 폭탄 투척사건' 등은 총94건이나 발표되었다. 일본 중앙정부 내각에 큰 충격을 선물했다. 일본의 신경질적 반응이 그대로 드러났다.(사진 : 천안시 독립기념관 자료)

사람이 투척할 수 있는 최대거리 반경 5미터 이내의 모든 사람에게 치명적 살상피해를 준는 위력이다. 조선총독부 검사국에서 폭탄의 파편을 정밀 분석한 결과 영국산 수류탄으로 밝혀졌다. 1915년 영국의 일명 밀스 폭탄 Mills Bomb으로서 제1차 세계대전 때 러시아에서 유입된 폭탄이었다.

당시 한국독립군들이 주로 사용한 폭탄이다. 1915년 제1차 세계대전이 종식되면서 극동아시아 블라디보스토크 등에서 체코군 부대들이 고국으로 돌아가던 헐값에 넘겼다.

이때 만주의 홍범도 장군이 최진동 등의 지원으로 왕창 구입했던 총기류의 하나이다. 윤봉길 의사가 상해 홍커우공원에서 투척한 것도 이런 도시락 폭탄이다.

일제 영사관 경찰과 오사카 경찰들이 합동수사반을 편성하여 도쿄, 간도, 상해까지 급파하여 결국 사건발생 보름만에 천하의 흉악범을 체포했다. 그러나 잡고보니 65세 노인의 단독범행이었기 때문에 더욱 충격에 휩싸였다. 그만큼 한국인들의 독립의지가 사막의 탱크 같이 달렸다.

　머리털이 허연 한의사 '강우규'의 얼굴사진이 언론에 보도되자 처음 보는 얼굴에 구내의 독립단체들은 의아해 했다. 이런 노인이 어떻게 거의 절대적인 사이토 총독을 저격하려고 했던가.

　혁명적 발상이 아닐 수 없다. 일개 쪼무래기 병사들 수백만 명을 없애는 것보다 최고 책임자를 삭제하는 것이 더 큰 효과를 주는 것은 당연하다.

　― 직업이 무엇인가?
　― 한의사이다.
　― 지금 이 세상에 한의사는 없고 다만 한인들에 '의생'만 있는데 무슨 '한의사'란 말이냐?
　― 아니다. 분명히 나는 한의사이고, 우리 한민족이 유지해오고 있는 5천 년 전통의 민족의사, 한의사이다. 우리 민족의 정신과 문화를 말살하는 식민지 통치정책은 전통 의학인 민족 한의학도 절단시키려고 하지 않았느냐? 즉, 재판장 당신은 알기나 하느냐? '1906년 광제원 축출사건' 대한제국 관립병원 고종황제의 '광제원' 한의사들을 강제로 추방하고 총독부 양의사들로 교체하지 않았느냐?

- 나는 재판장 판사이다. 왜 반말로 대답하는가?
- 당신은 일본인이고 나는 대한민국인이다. 당신은 우리 민족을 재판 할 권한이 없다. 너희 나라로 가라! 누가 당신에게 검정 버선짝 모자를 뒤집어 씌우고 한국에 파견해서 재판하라구 시켰느냐?
- 빠가야로!
- 사요나라! 꺼져버려! 너희 나라로 당장 꺼져!

일순 장내는 바닷속 같이 갈아앉았다. 전통적인 토종 한의학 속에 잠재되어 내려오는 민족정기를 일제는 이미 간파하고 정치 경제 사회 분야는 물론 한의학도 철저하게 단절시키고 일본의 어설픈 양의학을 펌프질하려고 했던 것이다.

실제 항일 독립군부대에는 한의사들이 군의관으로 편성되어 있고 마을의 한의원들은 군자금의 샘터이자 비밀 연락망으로서 독립군부대의 동맥과 같은 역할을 했다.

옳소! 바른말 잘하네! 방청객의 일촉즉발 살벌한 분위기를 감지한 재판장이 슬쩍 다른 장면으로 심문을 바꾸었다.

- 같은 민족주의자 최자남의 아내를 치료해 준 사실이 있느냐?

- 그의 아내뿐 아니라 연해주의 많은 독립군들을 치료해온 군의관 한의사이다.
- 우리 할아버지 강우규 한의사는 연해주에서 별도로 한의원도 개업했으며 치료비를 모아서 독립군부대에 정기적으로 지원하기도 했다.

그 손녀딸이 증언했다. 서대문형무소 재판정에 끌려나온 강우규는 모진 고문에 이미 얼굴의 형체도 알아볼 수 없을 정도로 그냥 피투성이 고깃덩이였다. 조선총독부에서는 일부러 공개재판을 했다. 그것은 많은 한국인에게 경고하기 위한 고도의 작전이었다.

공산주의자들의 인민재판 같이 공개재판과 공개처형은 섬뜩한 공포심을 안겨주기 때문이다. 심문과정 중 강우규의 독특한 이력이 드러나며 세상은 또 한 번 떠들썩해졌다.

- 야, 우리들은 무어야? 이렇게 할아버지들도 무거운 폭탄을 들고 의열 투쟁에 목숨을 바치는데 우리 청년들은 안방에서 막걸리나 마시고 있을 것이냐?

강우규 사건을 계기로 이후 1930년대 국내외 무장 독립전쟁에 청년들이 대거 뛰어드는 기폭제가 되었다.

강우규는 1915년 중국 길림성 요하현에 정착하게 된다. 그동안 블라디보스토크 〉 우수리스크 〉 요하현으로 들어와 이동휘와 운명적인 만남을 갖게 된다.

신홍균 한의사가 김중건을 만난 역사적인 사건과 같다. 상해 임시정부 제2대 국무총리를 지낸 이동휘(1873~1935)를 따라 우선 '광동학교'를 설립한다.

강우규는 인근 산속에 흩어져 있던 한인들을 요하현으로 집결시켜서 공동 개척촌 100여 가구를 조성했다. 학생 수만 백여 명에 달했다.

하바롭스크에서 블라디보스토크까지 벽촌을 찾아다니며 한방의술도 전개했다. 연해주 일대에서 명의로 유명해졌다. 한의학은 침술과 산속의 약재로 간단하게 치료할 수 있는 장점이 있다.

자연 속 나뭇잎이나 뿌리가 지천으로 널려 있지 않은가. 복잡하고 비싼 장비의 양의학에 비해 너무나 편하다. 그래서 자연적으로 독립부대에 쉽게 편성이 되고 한의사 군의관으로 활동할 수 있었다.

동시에 양의사 군의관은 드물었다. 일본군에는 조직적으로 양의사 군의관들이 편성되어 있으며 심지어 거대한 인간 생체 실험부대 124군 부대도 있다.

민이 최근 러시아 국경선 목단강 동승촌으로 신홍균 무덤을 찾으러 다닐 때 고려인도 만났다. 그가 1910년대 연해주를 증언했다.

- 모든 한인이 해방을 꿈꿨어요. 당시 강우규는 물론이지만 홍범도, 이상설, 최재형, 안중근 등 많은 혁명가가 연해주를 드나들면서 목숨을 바쳤어요. 새 총독으로 부임해온 사이토 마코토 저격에 강우규는 실패했지만 그것은 안중근의 쾌거와 같은 공적입니다.

1910년대 한인들이 거주하던 곳을 '신한촌'이라고 했는데 '새로 한국을 부흥시킨다'는 뜻이란다. 신한촌은 러시아 쪽 해외에서 펼쳐진 항일무장투쟁의 중심지였다. 리지나(신한촌기념비 관리인)는 기념비를 세우는데 고생한 남편의 뜻을 이어서 지금도 이곳을 관리해 오고 있다.

- 우리 한민족의 역사를 상징하는 신한촌 항일독립투쟁 역사기념비! 감격이다.

그 뜻을 아는 사람들의 한국인 발길이 꾸준히 이어지고 있습니다. 우리는 하나의 뿌리를 가지고 있어요. 많은 고려인의 1세대들이 이곳 신한촌에 지금도 그들의 자랑스런 후손으로 살고 있어요.

민은 일본 특별도서관 1910년대 분류 고서에서 러시아 쪽 교수들의 논문도 볼 수 있었다. 극동연방대학교 아부데브스카야 교수의 논문을 발견했다. 논문초록을 핸폰으로 찍었다.

1937년 전로 한족회가 결성되었다. 연해주 항일전투부대가 형성되고 무장부대가 만들어져 일부 한국으로 이동되기도 했다. 신한촌의 독립운동단체 중 강우규는 '대한국민노인동맹단'(1919년 러시아 연해주 신한촌 독립운동 지원단체)에 가입했다.

이 단체는 46세 이상으로서 남녀를 가리지 않고 회원자격을 부여했다. 단장인 김치보는 노인들의 의열투쟁을 이끈 지도자이다.

그때 강우규 같은 한의사들도 많이 가입하였다. 그리고 국제적인 한국독립청원서를 제출하는 등 열혈적인 민족운동에 뛰어들었다. 노인동맹단장 단장 김치보(1859~1941)도 신한촌에서 '덕창약국' 한약방을 운영하고 있었다. 그때 같은 한의사인 강우규에게도 연락이 온 것이다'

이 시기에 새로운 조선총독 사이토의 부임소식이 알려졌다. 당시 국내의 모든 소식은 만주와 더불어 연해주까지 직방으로 연계되어 소식이 빨랐다. 그것은 상해 임시정부를 거점으로 한 국내외 한의사들의 비상연락망 체계가 극비로 운용되고 있었기 때문이다.

강우규는 즉시 큰 각오를 하고 폭탄을 몇 개 준비하고 드디어

1919년 6월 1일 블라디보스토크에서 배를 탄다. 요하현 〉블라디보스토크 〉원산 〉서울로 잠입하기까지 약3개월이 걸렸다. 그리고 남대문역에서 폭탄의거를 거행한 것이다. 전세계에 대한민국의 독립의지를 또 한 번 각인시킨 것이다.

두 번의 공판과 마지막 고등법원 상고가 기각되면서 사형이 확정되기까지 공개재판에 전국의 국민들이 몰려다녔다. 일제의 의도대로 공포가 아니라 민족의식의 용광로에 휘발유를 더 보탠 꼴이다.

1920년 11월 29일, 65세 한의사 군의관 강우규의 사형 집행 날이다. 남대문역 사이토 폭살 폭탄거사 이후 약3개월 만이다. 강우규의 기개는 여전했다. 전국민의 분노와 슬픔의 태극기가 다시 물결쳤다.

강우규는 현장까지 찾아온 아들에게 아니 우리 국민들에게 유언했다.

- 너는 나 죽는다고 조금도 어찌하지 말라. 내가 이때까지 우리 민족을 위하여 자나깨나 잊지 못하는 것은 우리나라 청년들의 민족교육 이었다!

아르세니예프 국립연해주 박물관장은 안타깝게 말했다.

- 그러나 중국 만주 지역에 비해 러시아 연해주 지역 항일활동은

국내에 별로 알려지지 않았다. 그러나 연해주가 없었다면 만주도 없고 하와이 독립활동도 없다. 강우규가 활동했던 블라디보스토크 등 신한촌 지역은 이제 옛 모습을 하나도 찾을 수 없게 변했습니다.

정상규 독립운동 발굴 작가도 의생 제도에 대해 이렇게 말한다.

- "일제는 1913년 11월, 조선총독령 제102호로서 선진화된 양의사 면허를 받으면 평생 의업을 할 수 있지만 한의사는 낙후된 의술이기에 의생으로 5년마다 면허를 갱신해야 한다는 공고를 합니다.

법적으로 교묘하게 한의학을 탄압하려는 조치입니다. 일제 재판장이 강우규에게 한의사가 아닌 '의생'이라고 굳이 지칭한 것은 '메디칼 스튜던트' 의학을 공부하는 학생이란 경멸이었지요"

민이 논문으로 조사한 독립운동 한의사들에 대한 내용을 방송이나 신문 인터뷰에서 이렇게 말한다.

- 이렇게 한의사 독립군들만 찾아다니는 이유가 무엇인가요?
- 처음에는 우리 집 안의 독립운동사를 발굴해 기록하자는 것에 뜻을 두었습니다. 하지만 그 과정에서 일제가 말살하고자 했던

민족정기, 한의학 말살정책을 발견하게 되었습니다.

일제는 자신들의 양의학 우월성을 강요하기 위해 한의학의 법적, 제도적 지위를 아예 박탈했지요. 그래서 한의사들은 지하로 잠기고 그들의 독립운동도 제대로 조명 받지 못했습니다.

- 자생의료재단은 특별히 독립운동 유공자 가족들을 도와주는 일을 하는게 어떤 이유인가요?

- 국가가 풍전등화의 위기에 처했을 때 국가를 위해 헌신하고 봉사했던 독립을 위해 노력한 분들을 기리지 않으면 또 그런 국가의 위기가 왔을 때 누가 과연 국가를 위해 목숨을 바치려 하겠습니까? 자생의료재단의 명예 이사장님이신 형님께서는 재단의 목적사업에 사회의 약자를 도와주는 것은 기본이고, 독립유공자, 국가유공자의 가족들을 도와주는 것에 노력해야 한다고 말했습니다.

준은 단절된 민족의학 자산을 계승시키는데 헌신하고 있다. 한의사 독립운동 가문 후손으로서 의무를 다하려는 것이다. 그는 민족의학을 청파이후 지속적으로 30년간 연구했다.

동시에 세계적 표준화, 과학화에 힘을 쏟은 결과 2020년부터 '한국형 추나요법'이 건강보험 적용을 받게 되었으며 전세계로 확산되고 있다.

또한 2017년부터 독립유공자 유족과 후손을 위해 의료지원과 장학사업을 진행하고 있다. '신준식 장학금' 1억원 그리고 재단기금으로 매년 약3억원을 전국 21개 자생한방병원·의원에서 독립유공자 후손 100명의 척추관절 치료를 지원하고 있다.

지난해까지 전국 의료봉사 활동으로 4만3000명 환자를 무료로 치료했다. 앞으로도 복지 사각지대에 있는 분들을 위해 계속 헌신할 것이다.

2. 허발 한의사 군의관

+ 한의사 군의관 허발許潑 1872~1955년

민은 그동안 숨겨져 있던 한의사 군의관 '허발'許潑(1872~1955년)의 자료도 찾았다. 한의사 허발이 독립운동에 뛰어든 것은 부친 허위가 의병활동에 참여하자 그 뒤를 따랐다.

대구 갑부 허발의 집안은 모두 14명의 독립운동가를 배출한 특별한 집안이다. 허위는 구한말 의병전쟁을 주도했다. 그는 전국 13도 창의군으로서 군자금과 무기조달 등 적극적으로 헌신했다. 그러나 허위가 일제에 잡혀 순국하자 곧바로 가족들을 이끌고 만주로 망명한다.

'구민단'에 가입하여 군사훈련을 전담하는 등 주요간부로 활동한다. 허발은 '허옥'이란 가명으로 등장한다. 일제의 수사기록에는 '허옥이가 상해정부에서 발행한 백원짜리 공채증권 두 장과 천원짜리 공채증권 한장을 받아서 독립군 군자금을 모집하였다' 독립공채는 상해 임시정부에서 독립운동 활동을 위한 공채이었다.(매일신보 1921. 5. 13.)

허발의 수사기록에는 허옥, 김일창으로 노출이 되었는데 임시정부 이시영이 발행한 채권을 들고 독립군자금 조달이 주임무였다. 허발은 만주 오상현 쪽으로 이동해서 10여년 동안 한의원도 운영하면서 독립운동가들을 지원하고 비밀연락처로 활용했다.

또한 허발의 호를 딴 '일창약국'은 중요한 거점으로서 이시영을 비롯하여 동지들이 드나들며 회의도 하였다.(이상용, 김동삼)

허발의 묘는 대구 애국지사 묘지공원인 국립신암선열공원에 모셨다. 허발은 당시 유명한 저항시인 이육사에게도 큰 영향을 주었다. 이육사의 어머니는 허발의 여동생 허길이다. 허발은 애국지사 이원하, 이육사 등 6형제의 외삼촌이다.

이육사는 자기가 직접 쓴 '수부선행'水浮船行(물이 배를 띄워 가게한다)! 액자를 외삼촌 허발에게 드렸다. 즉 허발의 독립자금 지원으로 독립운동가들이 배 타고 가듯 활동할 수 있었다는 뜻이다.

이 액자는 이육사가 평소 외삼촌 허발이 독립자금을 대준 것에 대한 감사의 표시이다. 두 분이 만주에 같이 계실 때 써 드린 것이다.

강렬한 저항의지의 시인, 이육사(1904~1944)는 만40세 짧은 생애 중 반평생을 감옥에서 보냈다. 북경대 사학과에도 한때 다녔던 이육사는 가슴의 수형번호가 '264'여서 이름을 아예 '이육사'로 개명할 정도로 항일 민족정신이 강했다.

그의 대표작 '광야'를 한번 되뇌어 보면 울음이 복받친다. '광야'원래 사라질 뻔한 유고였으나 이육사의 동생 이원록이가 1945년 12월 17일, '자유신문'에 발표한 것이다.

까마득한 날에 하늘이 처음 열리고

어데 닭 우는 소리 들렷스랴

모든 산맥山脉들이 바다를 연모戀慕해 휘달릴때도

참아 이곧을 범犯하든 못하였으리라

끈임없는 광음光陰을 부지런한 계절季節이 픠여선 지고

큰 강江물이 비로소 길을 열엇다

지금 눈 나리고 매화향기梅花香氣 홀로 아득하니

내 여기 가난한 노래의 씨를 뿌려라

다시 천고千古의 뒤에 백마白馬타고 오는 초인超人이 있어

이 광야曠野에서 목노아 부르게 하리라

— 李陸史 : 曠野

허발의 딸 허은(1909~1997)도 그미의 회고록에서 말했다. 허은은 만주에서 독립군의 어머니로 불리기도 했다.

— 아버지의 호를 따라 '일창약국'이라고 했는데 밤낮으로 이시영 선생 등 항일투사들이 드나들었으며 나는 늘 독립군 군자금 전달 심부름을 했어요. 어린 소녀였기 때문에 일본군들의 눈을 잘 피할 수 있었지요.

이육사의 후손인 이승환도 증언했다. "외삼촌의 별명이 '내구'이었어요. 허발의 호가 '일창' 이어서 만주에서는 모두 '내구일창'이라고 불렀대유"

강우규, 허발 등과 같이 한의원은 만주, 러시아 연해주 등 해외 독립운동지역과 국내 연계망으로서 중요한 항일투쟁의 거점이었으며 특히 목숨 줄 같은 군자금의 샘터였다. 정상규 작가가 최근에 발굴

한 한의사 자료를 또 하나 보여주었다.

- 흥미로운 사건을 하나 접하게 되었습니다. 강도집단 범인으로 체포된 인물로 특이하게도 모두 한의사 출신이었습니다. 그 두목 조종대는 철원에서 한약상을 운영했습니다. 특히 철원애국단 대표였지요.

철원애국단은 일제 앞잡이 조선인 공무원들을 척결시키고 독립군 자금을 조달하여 상해 임시정부에 보냈다. 조종대와 동지들은 자신의 한의원을 거점으로 항일활동을 하다가 1920년초 비밀조직이 발각돼 붙잡혔다.

조종대는 5년형을 받고 감옥생활 중 고문으로 옥사했다. 그러나 일제는 독립운동가들을 강도집단으로 누명을 씌운 것이다.(강도범인 엄중히 조사중. 매일신보 1920.2.17.)

한의학은 역사적으로 5천 년의 임상경험이 있는 특유한 민족의학 학문이다. 이것을 바탕으로 현재 전세계 의학발전에 또 하나의 줄기로서 한의학은 아주 중요한 자산이 될 것이다. 아직도 지하에 잠자고 있는 한의사 군의관들의 독립운동을 발굴하여 우리 민족정기를 새롭게 확인하는 원동력이 되어야 한다.

또 하나의 새로운 독립운동사로서 우리 역사의 숨은 영웅들을 찾는 일은 계속되어야 할 것이다.(KBS 다큐세상43회 '독립운동의 숨은 영웅 한의사')

+ 신민식 원장의 한의사 군의관 조사기록 수집; 일본 방위연구소

DMZ 철조망에
걸린 태극기

15. DMZ 철조망에 걸린 태극기

1945년 해방공간을 건너는 강은 청파에게 평생에 걸쳐 가장 잔인한 선택이었다. 'DMZ 철조망에 걸린 태극기 같다' 남이냐 북이냐? 자유사회냐, 통제사회냐? 운명의 가르마였다.

제2차 세계대전 막바지 태평양전쟁 국제역학은 일본군의 위험을 예고했다. 미군의 일본 유황도 폭격은 이미 기울어진 운동장이 되었다. 청파는 고향 북청으로 돌아와 부모님을 모셨다.

1940년초 대전자령전투 이후 만주지역 한국독립군은 중국 길림 구국군과의 갈등으로 갈라섰다. 그때 청파도 신굴 삼촌을 따라 목단강 개척촌 동승촌으로 들어갔다. 그곳에서 역시 한의원과 영농사업 등 복합적으로 운영하면서 독립군들 군자금을 지속적으로 지원했다. 식량, 솜옷, 소금 등 군수물자를 대준 것이다.

그러다가 조국의 독립을 예견하고 고향으로 회귀한 것이다. 이제 독립된 조국에서 제대로 된 자유사회를 기대한 것이다. 철도종합병원 원장도 맡았다. 그러나 평양에 소련군이 진주하고 김일성의 공산정권이 들어서면서 북한은 공포와 학살의 현장으로 돌변했다. 재산몰수, 강제노동, 공개처형 등으로 인민들은 병든 병아리같이 시체가 되어 갔다.

― 꼬레아, 돼지 시키덜, 뒈져버려!

― 야, 이년들아 이리 와봐! 키키.

스탈린의 소련군들은 열차의 여자들 머리채를 함부로 낚아채고 화장실로 끌고 갔다. 그리고 집단 줄치기를 하는 것이다. 좇아오는 남편들이나 청년들은 그대로 뱃길로 걷어찼다. 달리는 열차 밖으로 떨어져 그냥 비명횡사하는 것이다.

동북지역에 나가 있던, 망명가족과 독립투사들도 일본패망 소식을 듣고 열차로, 버스로, 도보로 압록강, 두만강을 넘어왔다. 특히 열차에는 매일 많은 이주민들이 개미떼들 같이 붙어서 고향으로 고향으로 남하해 왔다. 점령군 소련군을 제지하는 누구도 없다. 빨강완장을 찬 북한 인민위원회 보위부원들은 소련군들보다 더 악질이었다. 괴나리봇짐을 뒤져서 금부치나 돈을 강탈해갔다. 반항하면 그냥 따발총으로 일가족을 갈겼다. 스탈린 군인들은 그것만이 아니라, 큰 공장들마다 돌아다니며 철거했다. 흥남비료공장, 수풍댐발전소, 일철공장기계, 성진고주파공장 등의 기계부품을 뜯어서 자기 부대로 싣고 갔다. 그리고 다시 모아서 모스크바로 이동하는 것이다. 심지어 가정집 다다미, 문짝, 요강까지 강탈해갔다.

청파도 툭하면 인민재판에 불려나갔다. 죄가 없지만 있는 척 불어야 한다. 그렇게 겨우겨우 지내던 초겨울 그믐날이던가, 인민위원회에서 결정적인 통지서가 한 장 날라왔다.

- 야, 인민병원장 자네도 자아비판을 해야제, 페니실링 세 상자 어디루 빼돌렸어?
- 페니실링 같은 건 위에서 아예 배급 받지두 못했어요
- 요 종간나 시키 이빨 까는 것좀 봐

같은 동네 이웃집 머슴이었던 돌쇠가 부삽을 쳐들고 청파의 목에 갖다대었다.

- 지난 주에 너거 집 지하창고에서 나온 거는 뭐야?

죽여라앗! 돌쇠의 부삽이 올라가자 들러선 노란 완장들이 곡괭이, 쇠스랑을 들고 찍어대었다. 황혼에 장밋빛 피가 튀었다.

- 아니어유, 내가 그랬시유!
- 제발! 살려주세유!

어머니가 달려들어 청파를 온몸으로 막았다. 딸과 아내도 무조건 빌었다. 청파는 피가 흐르는 두 손으로 눈을 가렸다. 1920년 청파가 18세때 신동균 막내 삼촌이 일본 헌병대에 의해 탄압과 박해로 참담한 죽음을 당했는데 또 같은 동족끼리, 같은 마을 사람들끼리 이

런 일이 있는가.

이런 무자비한 공산주의가 과연 옳은가? 하는 의문이 들었다. 청파는 결코 울지 않았다. 그렇다 하늘이 내려다보고 있다!

얼마 후, 1945년 12월 한겨울 밤, 청파는 남한으로 내려가서 정황을 살피고 남한의 사정이 좋으면 어머니와 가족들을 남한으로 탈출시킬 것을 결심했다.

남한으로 가기 위해 갈아탄 기차 안에서 소련군이 여자들을 강간하고 그들의 남편은 기차 밖으로 밀쳐 죽이는 만행을 목격하고 공산당이 민중을 위한다는 허언과 만행에 염증을 느끼고 공산당은 '인仁'의 정신이 없다는 소신을 갖게 되었다.

보름만에 서울 낙산장에 도착하게 되었다. 친구 아들의 소개로 신익희를 만나게 되어 그의 반공정신에 깊이 공감하게 된다. 그의 '정치공작대'에 가입을 하여 이듬해 1946년 1월 22일, 정치공작대 함경북도 책임위원으로 다시 월북 밀파하게 되었다. 극적인 운명의 연속이다.

1월 30일 북청 보안대원 3명이 기습 포위하여 가택수사 중 나는 일부러 의료용 주사기를 광주리에 비밀문서를 감추는 척하는 등의 허위 동작을 보였다. 그들이 그 광주리를 뒤지기 시작하는 틈에 나는 뒷문으로 튀어 근처 산속으로 피신했다. 다행히 폭설이 내려 추격이

중단되었다.

이튿날에는 폭설이 극심하여 차량 통행까지 금지되는 천운의 기회였다. 밤새 산속 혹한에서 떨다가 5촌 남산집에 들어가 낡은 옷 등을 빌려 입었다. 길거리 노인 거지 차림으로 변장했다. 남대천을 건너 종묘인 선산 묘지까지 밤에만 5일간 걸었다. 다시 홍원역까지 3일간 걸어서 함흥 내포에 겨우 도착하여 피난민 행렬 속에 몸을 감추었다.

낮에는 해변과 시장주변 근처에 숨고, 밤이면 검문소 형사대들을 피해 바삐 걸었다. 함흥에서 월남하는 배편을 겨우 잡았다. 그러나 남쪽으로 항해 중 3일 만에 엔진 고장이 났다. 바다 한복판에서 사경을 헤매던 중 구사일생으로 남쪽 주문진까지 겨우 도착할 수 있었다.

거의 13일 만에 나타난 내 모습은 거지 중에도 상거지 차림새 이어서 여관에서도 받지 않았다. 우선 이발소에 가서 말끔히 이발한 후, 아무 주문진 병원이나 우선 찾아가서 사정을 부탁했다. 다행히 거금 1500원을 지원받아 새 옷을 사 입고 강릉을 거쳐서 서울까지 왔다.

이튿날 낙산장 신익희에게 보고했다. 그리고 지시에 따라 3월 3일 한미호텔 지하실에서 정치공작대 전국대표자 대회에 참석하여 그간의 정황을 보고하였다.

민은 미 CIA 기록에서 청파문건 기록을 찾았다. '청파는 북한에 밀파되어 신익희의 정치공작대 활동하다가 북한 보위부에 발각되었다. 가족을 그대로 놔둔 채 극비 탈출에는 성공했지만 이 사건으로 북한에 있던 가족들이 고문을 당하고 북한의 아내가 참살당함'

청파는 가족들이 모진 고문을 당하고 부인의 참살소식을 뒤늦게 알고 여기에 대한 죄책감과 고통으로 결국 자진을 결심하고 '월남유서'를 1959년 작성한 것이다.

청파는 1945년 해방공간에 결국 남쪽 자유를 선택하였다. 그때 이승만의 '대한독립촉성국민회의'와 신익희의 '정치공작대'가 처음에는 노선이 달랐다. 신익희는 눈에는 눈, 귀에는 귀, 이런 원칙주의자이다. 김일성을 잡아서 처단해야 된다. 이런 강경파였고 이승만 쪽은 정치적으로 미국과 손잡아 나갔다.

북한 김일성이가 끝내 고집부리면 북한대로 놔두고 우리 남한만이라도 단독 정부를 시급하게 수립해야 되지 않겠느냐, 이런 주장이었다. 김구는 또 이렇게 쪼개지면 안 된다. 남북한이 통합해서 끝까지 하나로 가야 된다.

이렇게 정치철학이 셋이 각각 달랐는데 그때 신익희가 '이승만을 도와주자! 우리 정치공작대는 해산시키겠다!'며 극적인 선언을 했다. 정치공작대원들은 각자 자기 직업들이 있으니까. 원래 직업으로 돌아가시오!

신익희가 청파 신광렬 공작요원을 조용히 불렀다.

- 청파 선생! 당신도 이미 잘 알고 있겠지만 김구와 이승만의 고집은 둘 다 쇠절구통이요. 이러다간 우리 민족이 두 쪽 세 쪽으로 갈라집 네다.
- 둘로 나뉘어 깨지는 것보다 차라리 이런 극한적 삼각관계에선 우리 정치공작대가 이승만 쪽으로 손을 들어주는 게 어떻소?
- 우리 국가와 민족이 지금 어떻게 찾은 나라입니까? 그럼, 우리 대원 들은 다 어떻게 되는 겁니까?
- 어쩌겠소? 일보 후퇴, 2보 전진을 위해 '오월동주'로 차기를 기다려 봅시다. 일단 다들 자기 생업으로 돌아가는 수밖에 도리가 없잖소?
- 그럼, 신익희 회장님은 어떻게 되는 것입니까?
- 나는 중앙의 정치적 단합을 우선 목숨 걸고 시도해 볼 것입니다. 특히 공산당의 치밀한 공작을 분쇄해야 합니다. 당신도 내 지시로 고향인 북청에 밀파되었다가 가족까지 험한 꼴 당했잖아요.

공산당의 잔혹성에 치가 떨립니다.

- 이건 뭡니까?
- 내 조그만 성의입니다. 청파 선생은 다행히 한의사이니까, 조그만 한의원이라도 다시 차려 보세요.

신익희는 청파에게 한의원 개업을 위한 기초자금도 내주었다. 그 돈으로 성동역 앞에 '광생의원' 열었다. 남한에 내려와 첫 개업 병원이다.

+ 신준식, 어머니, 신민식

하이에나의
역사공간

16. 하이에나의 역사공간

민은 만주벌판을 다시 찾았다. 대전자령전투 고갯길에 섰다. 시베리안 폭풍이 옷을 홀랑 벗겨버릴 것같이 휘몰아쳤다. 혹한의 서북풍과 황량한 북만주 땅이지만 이 엄혹한 대륙을 아버지 청파와 작은 할아버지 신홍균이 달리던 땅, 항일무장 투쟁의 현장이라는 생각이 벌떡 일어나 달려보았다.

이름없는 그 많은 무명용사 독립군들이 없었다면 오늘 내가, 우리가 있었겠는가. 아버지 청파는 그때를 떠올리는 노래를 자주 불렀다.

> 간다 간다 나는 간다
> 끝없는 한신의 길
> 이 달이 해가 저물도록
> 나는 간다
>
> – '망향의 노래'

연변자치주 주 정부 문사 자료실을 또 찾았다. 벌써 3년째 몇 번이나 이 문턱을 넘었는지 모른다. 연변대학 역사학계 최 교수 등도 동원했다. 그러나 그들은 일본 관방천 외교부 자료실보다 더 까칠하

+ 항일자료 수집하기 위해 찾아간 일본 국립공문도서관

다. 신홍균 할아버지는 일제와 맞서 항일연군으로 같이 목숨 걸지 않았는가, 그래도 문사실 책임자들은 '그냥 모르쇠'이다.

최근 중국 정부의 '동북공정' 짝퉁 역사 바꿔치기 정책 때문에 동북 3성 역사자료는 거의 대외비로 차단시켜 놓고 있다. 약 2백만 조선족 동포들에 대한 은밀한 억압도 동행되고 있다. 즉 한국어와 한국문화를 노골적으로 제한하고 있으며 조선족학교를 전부 한족학교로 개편시켜 놓았다. 이제 순수 조선족 학교는 박물관에나 가야 볼 수 있다.

- 제가 할아버지의 독립운동 흔적을 찾으려고 이곳 중국, 일본 등 주요 외교기관을 순례하다시피 하고 있습니다. 처음에는 둘째

할아버지 '신홍균'申洪均 이름을 전혀 찾을 수가 없었어요.
- 한국독립운동사에는 '신흘'申屹, '신굴'申矻 이름이 여러 자료에서 찾을 수 있는데 신홍균 할아버지 행적이 신흘이라고도 하고 신굴이라고도 하는 분하고 행적이 같습니다. 신홍균 할아버지가 신흘, 신굴이라는 가명으로 독립운동을 한 것입니다.

오래전부터 원종교와 대진단에 관련된 최초의 논문을 발표한 이계형 교수가 말했다.

- 바로 그것입니다. '신홍균 → 신굴'로 개명한 것을 나중에 1959년에 쓴 아버지의 '월남유서' 초간본을 보고 뒤늦게 알았지요. 그전에는 1969년 월남유서 재간본만 봤는데 거기에는 신홍균 할아버지가 개명을 했다는 내용이 없었습니다. 당시 독립군들은 거의 다 개명, 이명 등을 썼으니까요.
- 저도 이 논문을 쓰면서 찾아냈던 것이 '군의'라는 낱말입니다. '독립군에 군의가 있다' 는 것을 깨닫게 되었습니다. 독립군 부대에서 부상병을 치료한 군의라고 한다면 한의가 대부분이었을 것이지요. 한의사로서 군의관으로 활동했다는 점이 중요합니다.
- 개명한 이름을 확인하자 다양한 자료가 쏟아졌습니다. 일본정부 문서에는 1924년 원종교元倧敎의 대정원장으로 '신흘'이 기록되어

있어요.

신흘에서 다시 신굴로 이름을 또 바꿨는데 신홍균이 신굴이며 원종교 신도들을 이끌고 한의사 군의관으로서 참전한 것이 확인된 것입니다.

신흘의 흘屹 뜻이 뾰족한 산이라는 뜻이 있어서 한의사로 독립운동을 하는데 뾰족한 마음보다는 둥글둥글한 돌같이 임하라는 뜻의 굴㐌을 썼다고 합니다.

- 한의사로서 참전한 독립군들이 신홍균 외에도 강우규, 허발 등 많습니다. 강우규는 1929년 일제 사이토 총독에게 폭탄의거를 감행한 65세 노인이었잖아요. 이제 바로 우리가 이런 숨어있는 한의사 군의관들을 발굴하고 연구하여 한국독립운동사의 또 한 면을 보강시켜야 합니다.
- 이번에는 신홍균과 허발의 역사현장을 답사해 보려고 합니다.

험준한 대전자령 마지막 고갯길 산마루이다. 사방이 숲으로 둘러싸인 그냥 흔한 산골짜기이다. 막막하고 답답하다. 역사란 늘 막막하기 마련이다. 산마루에 허수아비마냥 허술하게 걸려 있는 '대전자령 전적비'라도 없으면 그냥 일반 산천이다. 또한 역사란 그냥 흘러가는 바람일 뿐이다.

장난같이 산허리를 한번 휘감고 달아나는 바람일 뿐이다. 누군가 어떤 의미를 부여하여 역사책 한 구절에 띄워놓은 바람 타는 돛단배일 뿐이다. 세상에는 얼마나 많은 숨은 역사들이 있겠는가.

민이 새삼 발바닥으로 힘차게 다시 차보는 이곳은 항일무장 전투사상 3대 대첩의 하나로 유명한 대전자령 싸움 현장인데도 그냥 답답하고 막막할 따름이다. 일본으로서는 군사상 가장 치욕적인 패배의 현장이기도 하다. 약 8km에 이르는 이 골짜기에서 중무장한 일본군 약 1600여 명이 몰살된 곳이다.

E.H 카의 '역사란 무엇인가'에도 역사는 그저 과거와 현재의 이음매일 뿐이다. 한국 근.현대사의 한국 피침을 일별해 보면, 1910년 일제 히로히토의 '한일강제합병'은 이제 113년이 지났다. 과연 앞으로 100년 후 한국은 어떤 모습일까?

민은 머리를 크게 흔들었다. 그래도 둘째 할아버지 신홍균 한의사 군의관이 이 산골짜기를 온몸으로 덮치며 청년의 목숨을 걸었던 피 흐르는 땅이 아닌가.

어쩌면 민이 서 있는 바로 그 지점을 할아버지도 역시 밟았던 곳일지도 모른다. 아니 꼭 밟았을 것이다. 이 길 외에는 독립군들이 다닐 수 있는 다른 길이 없었다.

역사란 무언인가? 위대한 실록이다. 동시에 바람만 흩어지는 손바닥 손금일지도 모른다. 그러나 우리는 역사를 전혀 외면할 수가 없다. '역사를 잊은 민족은 미래가 없다' 베이징에서 만주 일대를 뒤집고 다니던 신채호申采浩 가 '조선상고사'에서 피 토한 구절이다.

그렇다! 모래알이라도 어떤 역사적 흔적을 찾아내어 보자. 민은 가까운 마을을 먼저 찾았다. 우선 가장 나이가 많은 주민들을 만났다. 옛날 1933년 유명한 대전자령 전투상황에 대해서 사소한 내용이라도 녹음을 했다.

- 저쪽 산 너머로 가면 그때 일본군이 쓰던 총과 총탄이 지금도 나온답니데이
- 아, 그럼 할아버지 그때 전투가 있었다는 건 알고 있나요?
- 모르지예, 그때 참전했던 우리 아부지한테서 늘 얘기 들어서 알고 있는거라유
- 그때는 여기가 오지중의 오지였는데 마을청년들 모두가 독립군들이었대유,

민과 KBS 역사탐사반 PD가 일단 대전자령 전투현장으로 가보기로 했다. 마침 상해임시정부 100주년특집 일환으로 '대전자령전투'

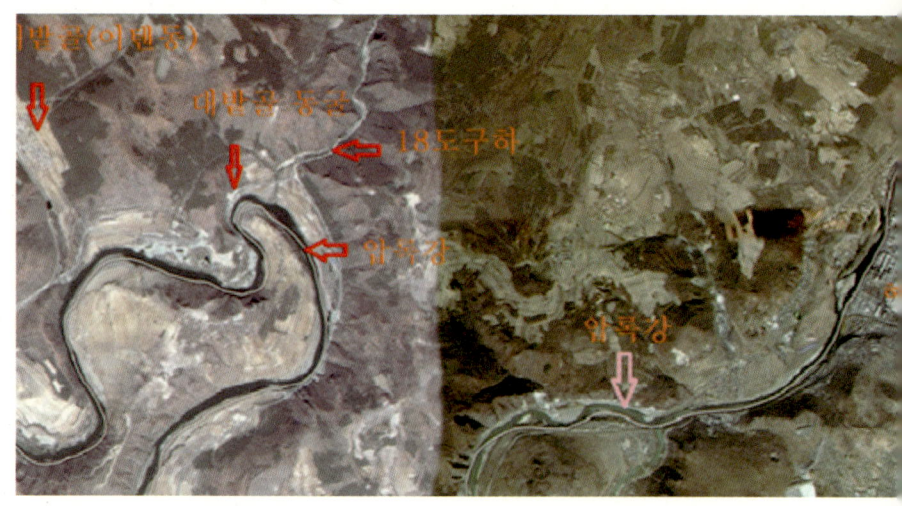

+ 신광렬 일가가 살았다는 장백현 17도구 터

촬영을 하기로 한 것이다.

- 이쪽은 경사가 너무 가파른 지형이 계속되니까, 이쪽은 다닐 수가 없고, 저쪽 개울가 쪽으로 일본군이 진입해 들어왔을 것으로 추측됩니다.
- 우선 금속탐지기로 탐지해 보지요.
- 1933년 6월 30일 당시 이렇게 척박한 환경 속에서 독립군들이 고생 했잖아요.
- 폭우 속에 사흘간이나 굶었대유, 완전히 지쳐있는 상황에서 신

홍균이라는 한의사가 검은버섯을 발견하여 획기적으로 기력을 찾아 대승을 하게 된 계기가 된 거랍니다.
– 이런 정도 고생은 당시 선조들의 고통에 비하면 소꿉장난이지요.

약 90년이 훌쩍 뛰어넘은 세월이다. 이곳 지지를 잘 아는 마을주민을 앞세워 제1차 일본군의 이동구간을 따라 평지를 중심으로 탐색했다. 너덧 명이 금속탐지기로 골짜기를 샅샅이 뒤졌지만 두더지와 멧돼지들만 만났다. 폭우와 폭설 속에서도 강행했다.

민은 다들 포기해 가는데도 신홍균 할아버지를 생각하며 혹한 속에서도 작업을 이어갔다. 할아버지는 최악의 환경에서도 포기하지 않고 군의관 역할을 끝까지 하신 것이다. 산을 몇 고개나 뒤졌나? 뒤돌아보니 약 사흘간 10km는 탐색한 것 같다. 이때 지금까지 와는 다른 금속탐지기의 반응과 소리가 났다. 즉시 그 일대를 수색했다.

- 어! 찾았다.
- 뭐야, 탄피다! 약 90년간 땅속에 녹슬고 있던 탄피네
- 근처 까오비 사막에서 바늘찾기 같았는데....

+ KBS 다큐팀과 같이 신민식 원장 발굴 ; 대전자령전투 현장탄피 2020

독립군들 매복 장소에서 탄피를 찾았다는 것에 감격이다. 이 자리에서 이렇게 엎드려 목숨 걸고 싸운 것이다. 그 탄피를 뺨에 대보았다. 신홍균 할아버지의 따뜻한 체온이 느껴졌다. 어쩌면 할아버지가 쏘았던 총알의 탄피일지도 모른다. "얘, 민아 이제야 날 찾아왔느냐? 아, 니 뺨이 따듯하네……"

민은 그 탄피를 소중하게 싸고 또 싸았다. 귀국 즉시 용산 전쟁기념관에 가서 무기체계 전문가와 함께 현장의 탄피를 영상 분석해 보았다. 과연 대전자령전투에서 실제 사용된 탄피가 맞는지 또는 어느 부대가 사용했는지 확인해 보았다.

고한빈 무기 전문가가 최종 분석결과 보고서를 보여주었다. '탄피 길이 : 54m, 아래쪽 림(테두리)이 모신나강 Mosin-Nagant 탄과 정확하게 일치함' 탄피 뒷면 T와 숫자 1, 2의 T는 알파벳 T가 아니라 키릴문자란다. 동일한 러시아제 총알과 대전자령 탄피와 또 비교했다. 러시아 모신나강 총알의 특징은 테두리 모양인데, 대전자령 모신나강 Mosin-Nagant 탄과 정확하게 일치했다. 탄피가 사용된 총기도 확인했다. 고한빈 전문가가 덧붙였다.

- 이 탄피는 1891년 러시아제 모신나강 소총의 총알이 맞습니다.

제정 러시아에서 개발해서 제1차와 제2차 세계대전에 사용되었지요. 당시 1920~30년대 우리 독립군에서도 많은 양이 사용된 총알입니다.

— 아, 그러면 대전자령의 대승도 이 신형무기와 한의사 출신 군의관들의 전문성이 합쳐져서 이룩해낸 쾌거이네요.

1920년 봉오동전투와 청산리전투가 있던 시기, 당시 체코 군단이 동맹국 러시아 편에 서서 1차 세계대전에 참전했다. 종전이 되어 연해주 블라디보스토크를 통해서 다시 본국으로 돌아가는 부대에서는 많은 무기를 한국 독립군에게 판매한 사실이 기록으로 남아 있다. 홍범도 장군 등 청산리전투에 이 체코 무기를 사용했다.

민은 신홍균 할아버지가 마지막 머물렀던 목단강을 찾았다. 1933년 대전자령 전투 이후, 지청천의 한국독립군은 사실상 해체되었다. 한중항일연군이었던 길림구국군과의 갈등이 심해졌다.

마침 상해 임시정부 김구의 요청으로 지청천, 백강 등 지도자들은 난징 군관학교로 떠나고 신굴의 대진단 등은 밀산 등으로 들어가 계속 독립전쟁을 했다.

1940년 초 신홍균은 목단강 동승촌으로 들어와 주민들과 함께 공동 영농사업 개척촌을 만들었다. 이때 청파 신광렬도 동승촌으로 들어가 삼촌을 도왔다.

대전자령 탄피 발굴작업 이후, 민은 동승촌에도 다시 갔다. 작은 할아버지의 산소를 찾기 위해서였다. 오래전부터 신홍균의 중국 가족들도 같이 만났다.

그들은 할아버지가 돌아가시자 동승촌을 떠나서 여기저기 흩어져 살고 있었다. 신홍균의 손녀딸 신옥자, 신홍숙 등과 동행했으며 신홍균의 묘소도 최근 발견했다. 독립군 군의관들은 수많은 한의원 거점을 통해 점조직으로 활동했다. 그래서 그들은 한 발짝 넘어서면 서로들 잘 몰랐다. 일제 피체되는 걸 대비해서이다. 가족 간에도 서로 피했다.

'신홍균(신굴) 묘소' 앞에 두 손을 모으고 섰다. 다행히 할아버지는 중국 정부에서 마련해준 열사기념비 東勝村烈士紀念碑 안에 모시어져 있었다.

— 할아버지! 이제야 저희들이 찾아 왔습니다!
— 이렇게 처음 가게 되니까 신홍균 할아

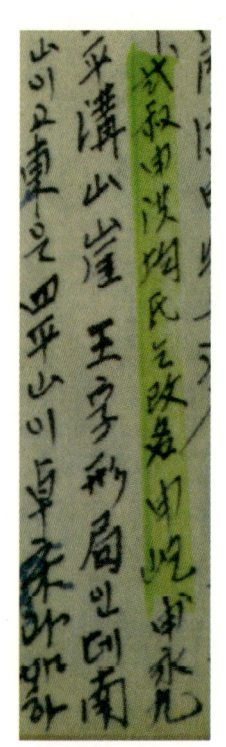

+ 월남유서 :
　申洪均 개명 申屹

버지께 정말 죄송해요

- 그동안 우리가 몰라서 못 찾아뵌 것이지, 그래도 오늘 후손들이 왔으니까, 괜찮아.

묘비에는 1948년 작고로 명시되어 있었다. 해방되면 고국으로 가족과 함께 돌아가겠다는 신홍균의 염원은 이루어지지 못했다. 비석에는 간단한 내력도 기록되어 있었다.

'항일 독립군으로서 대진단 단장으로 맹활약하던 중 친동생 신동균이가 압록강에 수장되었다. 그것은 압록강 건너편 함경남도 삼수군 강진면 두지리에 주재하는 왜정 헌병들의 암살대가 보복 월강하여 살해한 것이다. 이것은 우리 가족에게 철천지 원한과 분노지심을 일으킨다. 입으로 형언하기조차 어렵도다'

어디선가 100여 년 전 '용진가' 만주벌판을 달리는 말발굽 소리가 들리는 것 같다.

> 창검 빛은 번개같이 번쩍거리고, 대포알은 우레같이 퉁탕거릴 제
> 우리 군대 사격 돌격 앞만 향하면, 원수 머리 낙엽같이 떨어지리라횡빈
> 대판 무찌르고 동경도 쳐서, 동서 사방 번쩍번쩍 모두 함락코국권을 회복
> 하는 우리 독립군, 승전고와 만세소리 천지를 진동
>
> — 용진가

2. 義軍府山砲隊長金允京ハ北間島ニ道溝ノ者ニシテ大正五、六月頃土膓子地方ニ來リ其ノ後馬賊團ニ入レリト聞ク

3. 寬警團募捐隊長金淡寬ハ北間島ニ道溝ノ者ニシテ獨立軍ニ拉去セラレ入隊シタル者ニテ獨立軍ニ拉去セラレ入隊シタル者ナルガ屢々當地方ヲ徘徊シタルコトアリ

光復團李東周ノ部下金桂山ハ李ト共ニ屢々當地方ヲ徘徊シタリ而シテ光復團山砲隊長延東俊ハ十年八月中旬部下三十名ト共ニ鴨頭山ニ入レリト聞ク

+ 일본 간도총영사관 북간도 조사기록

+ 목단강 동승촌의 항일 전쟁열사 기념비

민은 지난번 일본 방위성 헌병대 도서관에 찾아갔을 때 옛 지도를 구입했다. 거기에서 삼수군 두지리의 왜정 헌병대와 근처의 경찰서도 확인했다. 그 압록강 강 건너에 두지리 왜정 헌병대가 있는 지도도 찍어왔다. 또한 대진단이 활동했던 일본 비밀지도 문서도 가져왔다.

막내 할아버지 신동균을 잔혹하게 수장시킨 함남 삼수군 두지리 왜정주재소를 둘째 할아버지 신홍균 독립군들이 보복 습격한 것은 약 1년 4개월 만이다. 민은 일본 헌병대 비밀문서도 도쿄 국방성 도

+ 기념비 아래에 조선 독립군 대진단 단장 신홍균

서관에서 찾아내었다.

신홍균의 대진단들은 1921년 1월 16일 두지리 왜정 헌병대를 습격을 기획했다. 기습 전날 1월 15일에 대진단 지단 사무소에 독립군 산하 흥업단, 군비단, 광복단 등이 집결하였다. 장백현 17도구를 습격하여 마을사람과 신동균 할아버지를 참살한 원한을 풀기 위해 무장투쟁 결의대회를 했다.

1919년 가을 신동균 할아버지가 참살당하고 신홍균 할아버지가

1921년 1월 약 1년 4개월 만에 확실하게 복수를 한 것이다. 『월남유서』에도 1919년 가을 청파가 17살 때의 사건일지와 그대로 일치하였다.

이후 신홍균은 8년간이나 집과는 소식을 끊었다. 가족들에게 또 어떤 피해를 줄까봐 일체 단절했다. 그래서 가족들은 신홍균 할아버지가 독립운동 하시다가 어디선가 돌아가신 줄 알고 제사를 지내왔다.

맹자는 그의 왕도론王道論에서 "하늘의 때는 땅의 이득만 못하고, 땅의 이득은 사람의 화합만 못하다."(天時不如地利 地利不如人和) 명쾌하게 단정했다. 아무리 좋은 때를 가려, 아무리 좋은 곳에서 전투를 벌였을지라도, 쌍성보전투로부터 대전자령전투에 이르기까지 한중연합군이 이룩한 연승신화를 재현하지 못했다.

민은 대한민국 임시정부 수립 100주년을 맞아 자주독립 정신과 민족정기를 고취시키는 행사를 진행했다. 하지만 아직도 우리나라 독립을 위해 목숨을 걸고 투쟁해온 한의사 군의관들이 인정받지도 못하고 알려지지 않았다.

민은 집안 어르신들의 독립운동 발자취를 찾아 2017년부터 한·중·일 문서를 확인해 보니 잊혀진 민족역사의 한 페이지를 찾게 되었다. 백강 조경한 선생의 외손자인 심정섭 선생도 만나 대전자령전투에서 신홍균에 관한 새로운 증언도 확인했다.

그동안 궁금하면서도 풀리지 않았던 의문점이 신홍균의 활동이 어떨 때는 신흘로 기록이 되고 어느 곳에서는 신굴로 기록되는 것이었다. 그것을 심정섭 선생이 풀어주면서 조경한 선생의 얘길 전해주었다. 둥그런 돌같은 품성이 되라는 뜻으로 '신굴'로 개명했다는 것이다.

한편 1938년 동만 공산당 지부장 조성만 등은 중추절 기념 '청년체육운동회'를 조직하여 비밀 항일활동을 전개했다. 그 이전부터 신홍균의 대진단이 조중 항일연군과 연계하여 쓰다오 고개 한인들에게 식량을 공급해 주었다. 평소에 모란강 주변의 한인들은 독서회를 통해 신홍균을 잘 알고 있었기 때문에 조직운영이 수월했단다.

1940년 초 일본군이 모란강 일대를 강제 봉쇄하여 군수물자 조달이 차단되었다. 당연히 장병들은 추위와 배고픔에 시달렸다. 신홍균과 그의 아들까지 합세하여 화전민 한인 농민들을 통해 당장 시급한 식량 등 군수물자를 지원하기도 했다.

자생의료재단의
'긍휼사상'

+ 명예박사학위 : 자생의료재단 신준식 이사장 미시건주립대학교 2017년

17. 자생의료재단의 '긍휼사상'

1990년에 준은 '자생한의원'을 테헤란로 역삼역 바로 옆에서 개업했다. 우연한 기회에 같은 한의사 친구의 소개로 이사 온 것이다. 살림집도 근처에 겨우 얻어서 어머님도 모셨다.

이제 준은 나이 거의 40세가 되어 다행히 강남에 진입하게 되었다. 많은 은행 빚을 얻어서 월세를 얻었다. 무리했지만 이북 3.8 따라지 월남 피난민이 이제 안착하여 가는 것 같았지만 늘 월세 걱정에 시달렸다.

외식보다는 늘 가까운 집에서 식사했다. 아내가 정성스럽게 차려 놓은 밥을 먹기 시작하는데 어머니가 다가왔다. 또 반은 죽은 얼굴이었다.

- 어머니 또 왜 그러세요? 무슨 일이 있었나요?
- 으음... 우리 홍제동교회 할머니 이야기야, 내가 좀 얘기해두 되겠냐?
- 으흥, 어머니 또 그 얘기 노래를 부르는 것에요?
- 이제 겨우 5개월 된 아기를 두고 그 엄마가 도망갔다는구나. 80세 된 외할머니가 단칸방에서 그 애기를 혼자 키우고 있어 준은

지난번 이야기 그다음 상황이 사실 궁금하여 밥을 먹다 말고 좀 더 가까이 어머니에게 다가가 귀 기울였다.

- 아니, 갓난아기가 엉금엉금 기어서 엉금엉금 기어 나오다가 그만 떨어졌다지 뭐냐? 부엌과 연결된 쪽방문으로 즈그 할메한테 기어간게지... 그만 연탄불 벌건 아궁이에 머리가 거꾸로 떨어져 쳐박힌 게야

애기 얼굴 절반이 타버렸대, 화상 치료비가 약 200만원이 든다는 거야. 그 단칸방에는 연탄불 아궁이 겸 조악한 부엌이 붙어 있었단다. 대개의 극빈가정 실태이다. 보험도 없고 아무것도 없었다. 거의 울다시피 어머니가 얘기하시었다. 나는 더 이상 밥을 못 먹고 수저를 놓았다. 반이 타버린 어린아기 얼굴이 떠오르자 밥을 먹을 수 없었다. 그때 우리가 살던 홍제동 집 한 채 값이 약 550만 원이었다.

- 아유, 어머니! 제발 밥 좀 다 먹고 난 다음 그런 얘기 하시지, 밥도 못 먹게 해요?

준은 투정을 부렸다. 이런 일들이 어디 한두 번인가.

- 당신은 어머니 얘기도 귀담아들으세요. 누가 당신을 이렇게 키웠는대요?

준의 아내가 눈을 껌쩍거리며 밥상을 내갔다. 이튿날부터 일주일 내내 전화가 왔다.

- 얘, 준아! 어떻게 안 되겠냐? 너는 한의사이니까, 불쌍한 사람 어떻게든 해봐야 되지 않겠느냐

이렇게 시작하면 치료비를 내놓을 때까지 계속 전화올 것이다. 어머니 성격을 잘 안다. 결국 몇 차례에 걸쳐 아기 화상 치료비 200만 원을 겨우 마련해서 드렸다. 다행히 보름 후 경희대 양방병원에서 수술도 잘 끝났단다.

아버지뿐 아니라 어머니의 '긍휼지심'은 더 심했다. 좀 불쌍한 사람을 보면 꼭 지나치는 법이 없다. 며칠이 지나서라도 꼭 다시 찾아가서 도와주어야만 직성이 풀리시는 것 같았다.

어머니에게 이런 일은 너무 많았다. 교회에 오가다가 지하철 노숙들이 쓰러져 누워있으면 우리 집에 데려왔다. 먹이고 재우면서 아버지 병원에 데려가 치료도 시켜주었다. 또 노숙자들이 길에서 병들어 누워 있으면 교회 신도들을 불러서 그 노숙자를 집에까지 업어온다.

그리고 같은 교회 교인들과 같이 노숙자를 먹이고 재우고 했다. 여성의 헝클어진 머리도 같이 목욕하면서 감겨 주었다. 의무적으로

하는 게 아니다. 아버지 어머니는 천성이 그런 것 같다. 불쌍한 사람만 보면 그냥 지나치지 않았다. 집안 식구들 모두가 특별한 DNA가 모인 것 같다.

당신이 보여요

당신의 눈이 촉촉해요

사랑으로 가득찬 눈

언제부터인지

조금씩 당신을 알게 되었어요

예전에는 몰랐거든요

당신은 보이지 않는 사랑과

소리없는 헌신을 주었지요

그땐 정말 몰랐어요

다른 데 정신이 팔렸거든요

정신 차리고보니

다 소용없었어요

촉촉한 당신의 눈만이

애처롭게 나를 바라보고 있었지요

무언의 눈빛으로 이야기하곤 했지요

콩깍지 좀 벗으라고

그래서 벗었지요

그러니 당신이 보이네요

 그래서 우리 집안의 가훈家訓인 '긍휼지심'矜恤之心은 우리 병원의 설립철학이기도 하다. '矜+恤' 불쌍하다고 생각만 하고 그치는 것이 아니라 반드시 구휼救恤까지 해야 하며 지극한 마음이어야 한다. 즉 긍휼지심은 단군의 홍익인간 이념과도 일맥상통하는 것이다.

 서양의학의 대부 히포크라테스의 주제와도 일맥상통하는 의 철학이다. 준은 병원 유지비를 보태기 위해 겹벌이로 방송활동도 겹치기로 했다. 비수술 척추 전문병원으로서 소문이 나자 전국에서 환자들이 모여들었다.

 아버지 청파는 인생의 절반을 독립운동에 헌신했지만 그런 활동을 다른 사람에게 자랑하듯이 입 밖에 내지 않았다. 1959년 마지막 겨울 아버지가 가출하여서 한 달간이나 돌아오지 않고, 어머니가 내놓은 제1차 '월남유서'를 읽어보고 청파의 독립운동 수형번호 1679호도 처음 안 것이다.

준은 이따금 '월남유서' 아버지의 영혼과 마주하면서 머리가 저절로 굽 죄인다. 청파는 가난한 농촌 어촌 주민들을 위해 17번 이상 이사 다니면서 치료했는데 자기는 이제 대도시 서울 한복판 또 이런 값비싼 강남이라는 곳에 이제 귀족 의사처럼 돼버린 것에 선친께 죄송함이 든다. 부유한 도시 사람들만 위주로 치료하고 있지 않은가.

그래서 자생의료재단을 설립하여 시골이든 도시이든 더 많은 환자를 체계적으로 치료하고 특히 7대째 내려오는 가업 비법 비수술 추나요법과 '신바로' 신약을 더 많은 사람에게 보급해야겠다는 기획을 한 것이다. 준 혼자 하루종일 치료한다고 해야 과연 몇 명이나 혜택이 될 것인가. 그래서 의료재단 구상을 한 것이다.

준은 이미 30년 전에 한국 추나요법을 창시했다. 보건복지부에서 최초로 '한방척추 전문병원' 인증도 받았다. 한국형 추나요법은 '동의보감'은 물론 중국 의학의 성경인 '황제내경' 그리고 일본의 전통 접골법 등 옛 문헌자료는 물론이지만, 미국의 카이로프랙틱, 오스테오페틱 등 동서양 뼈 관계 환자들 치료문제를 종합적으로 임상연구 해온 것이다.

+ 디스크 비수술 요법의 연혁 소개

마지막으로 동서양 모든 수기手技 요법의 특성을 총정리하여 한국인 체질에 가장 유효하고 적합한 '한국추나요법'으로 재정립했다. K-한의학으로 태평양 함대가 뜨기 시작하는 것이다.

그리고 우수한 제자들을 뽑아 약200년 가전家傳 비방으로 전수된 민족의학 체계의 인턴, 레지던트를 체계적으로 양성시키고 있다. 그러면 그들이 더 많은 환자를 보살펴 줄 것이 아닌가.

인류에게 헌신하는 길이다. 이것이야말로 청파의 진정한 숨은 뜻이다. 준은 세계적인 의료 시스템을 구상하여 '자생의료재단'을 설립하고 논현동 본원 병원을 레지던트 등 수련병원으로 개편하여 전문의들을 배출해왔다.

똑같은 치료방법과 의술로서 전국에 자생의료재단 산하 20개 자생한방병원이 탄생된 것이다. 시골이든 서울이든 누구나 표준화된 치료법으로 비수술 척추 및 관절질환을 깨끗이 완치시키는 것이다.

준은 '한국추나학회'도 창설하여 약 20년간 회장으로서 확실한 기반을 조성해 놓았다. 그래서 국민건강보험에 추나요법도 적용받게 되었다. 2008년도에는 유엔 WHO 초청으로 북경에 가서 한국 대표 전통의학 추나요법 실기 공개강의를 하기도 했다.

이제 국제화되어 한국형 비수술 추나요법이 미국 미시건주립대학, 오스테오페틱 의과대학, 러시아 국립의대에서 초청 강의를 했다. 비수술 추나치료법이 전세계 30여개 나라의 의사들에게 직접 교육시키는 교육기관이 되었다. 이러한 기획들이 적중하여 국내뿐 아니라 이제 국제적으로 확산되고 있는 것이다.

― 아아, 그래서요?
― 그때 내가 칼자국을 발견한 것은 7살 때이었어요.

국내 방송 PD가 자생한방병원 벽면에 소개된 항일 독립투사의 사진을 둘러보고 준의 아버지 사진을 가리키며 재차 물었다. 그들은 자생병원 원장에 대한 사전 조사를 인터넷에서 체크하고 들어온 것 같다. 그때 준의 아버지가 일제 강점기 독립투사로서 활약했던 유튜브 동영상도 보았던 것 같다.

그들의 취재 목적은 한창 국제적으로 뜨고 있는 자생한방병원의 한국적 'K-추나요법'의 의료취재였다.

준은 좀 망서렸다. 원래 목적인 의학분야 부분에만 한정하려고 거절했다. 자칫 자기 병원을 홍보하는 게 아닌가, 의심받을지도 모르기 때문이다.

미국, 독일, 스웨덴 등 글로벌 표준화 되어 가고 있으며 보수교육 지정 한방병원이 되었다. 아시아에선 6번째 ACCME 인가를 받은 것이다. 이것은 준, 한의사 개인의 영광보다 국가적인 의학적 경사가 아닐 수 없다.

지난해에는 DHA 미국 국방부 요청으로 약 600명의 의료인 및 의료기관 종사자에게 보수교육을 했다. 올여름 8월 13일 외국 의사들이 논현동 본원에 실기지도를 받기 위해 입국하게 되는데 4차 째이다. 코로나 때문에 3년 만에 재개하는 것이다.

이제 준에겐 국내보다 국제적인 글로벌 'K-한국 한의학'을 보급하는 데 있다. 전국 자생의료재단 한의사들과 함께 이 세대 마지막 꿈을 실천해 나가는 것이다. 오늘의 두바이는 그냥 되는 게 아니다. 오로지 미래를 디자인하는 자에게만 하늘이 점지해 주는 것이다.

그래서 준은 때로 슬럼프에 빠지는 후배 한의사들에게 어깨를 쳐 준다. '이봐 우리 항일 무장투쟁 독립운동 때 선배 한의사들과 같은 호연지기가 지금 필요한 때야!'를 주문하다.

자기 한 몸 던져서 국가와 민족을 위해 혹한 속 만주벌판을 달렸던 강우규, 신홍균, 신현표 선배 한의사들을 새삼 각인시켜 주는 것이다.

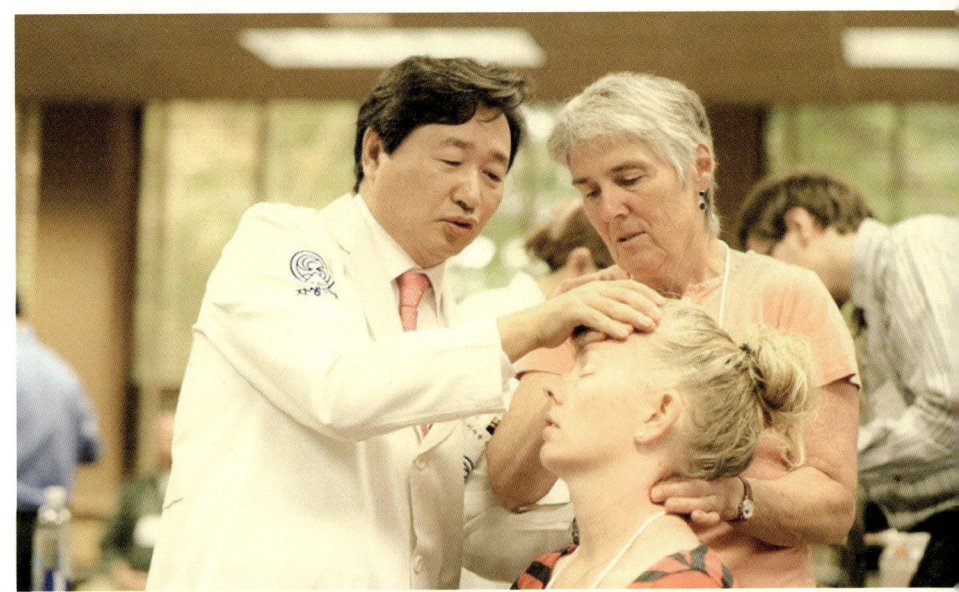

+ K-한의학 : 미시건오스테오페틱의학협회 추나요법 보수교육 학점 인정 강연

+ K-한의학 : 전미의학협회 미국 의료진, 자생 고유의 동작침법 실습 교육

내가 심연을
보고 있으면

18. 내가 심연을 보고 있으면

'내가 심연을 보고 있으면, 심연은 또 나를 마주 바라보고 있었다' 『월남유서』를 통해 내가 아버지와 마주하고 있으면 아버지는 또 무덤에서 걸어나와 나의 눈을 다시 들여다보시곤 했다. 아버지의 말씀은 매번 달랐다.

'예야! 미래는 그냥 오지 않는다. 디자인을 하는 사람에게만 그의 미래가 오는 것이란다!' 세상은 늘 급변하는 것 같지만 사실 뒤돌아보면 변한 것은 없다. 소꿉장난같이 주변 환경만 조금 달라진 것뿐이다. 우주와 자연 그리고 인간의 근본적인 삶의 형태는 하나도 달라진 것이 없다.

청파 아버님이 앉아계신 평택 산기슭이다. 오늘이 아버님의 115번째 생신날이다. 일부러 아버님이 앉아계신 무덤을 찾았다. 어머니 젖가슴같이 따뜻한 초여름 언덕배기에서 가족들이 떠들썩하게 모였다. 떠들썩 해봐야 손주들까지 합쳐도 열 명 남짓하다. 아버지는 해방직후 제1세대 월남 피난민이어서 이남에 친척이 별로 없기 때문이다.

부락산 정상으로 날아오르는 이름 모를 산새들의 날갯짓 사이로 5월의 신록이 온 천하에 푸른 물감을 던졌다. 아, 오랜만에 머리 위로 쏟아지는 함박눈 같은 하얀 초록색 봄빛 살결이다.

봄은 3월부터라고 하지만 피부로 느끼는 봄은 아무래도 5월이 되어야 하는 것 같다. 긴긴 겨울 움츠려 있던 그 많은 산새들은 싱그러운 숲속을 더욱 눈부시게 즐기고 있었다. 산새들을 따라 잠자리 같은 가벼운 옷을 입은 손자 손녀 3세대 꼬마들은 넓은 풀밭에 뒹굴었다.

왕자들과 꼬마 공주들이 임신한 산모의 배를 오르듯이 묘소 위에서 미끄럼을 타면서 숨바꼭질도 했다. 천사 같은 아이들은 어른들의 장난치는 화통기차 소리에 혼비백산 도망가기도 하고 산속으로 달아나기도 했다. 도시를 떠나 가족 힐링이다.

청파 아버지의 생신날을 맞아 오랜만에 중국의 친척들도 초청했다. 준이가 수소문하여 오래전에 할아버지의 손녀딸들을 오래전에 찾았다. 그들은 중국 조선족으로 거의 평생을 북만주에서 살아왔다.

아버님이 이곳 평택에서 6.25 때 피난생활을 했으며, 근처 평택이 어머니의 고향이다. 이 일대 아산과 평택에서 거의 반평생 숨을 쉬었던 현장이다. 준과 민 그리고 중국의 사촌들과 함께 묘소에 큰절을 했다. 준은 아버지가 누워 있지 않고 지금도 시퍼렇게 앉아 있다고 생각한다.

아버지는 잠시라도 누워 있질 못하고 늘 앉아 있거나 서서 부지런히 일을 하셨다. 조금이라도 쉬면 뭔가 북한의 가족들에게 큰 죄를 짓는다고 생각하시는 것이다. '월남유서' 행간에는 그러한 원죄의식을 갖고 있다. 본인의 아호도 청파靑坡로 한 것이 북청의 언덕을 그리워 한다는 뜻으로 지은 것이다.

이곳에서 북쪽으로 서해안 고속도로를 타고 약 100분만 올라가면 판문점이고, 거기서 350km 떨어진 곳이 북청이다. 서울에서 부산까지 거리가 300km인데 부산까지 가는 거리만큼 떨어진 곳이 북청이다. 이북 실향민들은 이렇게 가능하면 고향이 가까운 3.8선 근처에 올망졸망 모여 산다. 155마일 휴전선 따라 빨랫줄마냥 이어져 북쪽 하늘을 올려다 보며 산다. 통일이 되면 가장 빨리 고향에 달려가고 싶다는 단 하나의 소망으로 빨래마냥 늘어져 기다리며 산다.

그동안 이북 피난민 3.8 따라지라며 얼마나 많은 설움을 받았던가. 6.25를 전후하여 "아바이, 오마니요, 나 요 앞에 잠깐 갔다 오갔수다레!"하고 가벼운 마음으로 내려온 것이 무려 70년이 되었다. 내일이면, 내년이면 한 것이 이제 호호백발이 된 것이다. 남북한 극소수의 정치가들 입김으로 인하여 남북한 약 7천5백만 인구가 한 많은 일평생을 살게 된 것이다.

통일부 이북5도청에서 지원하는 '북청이민회'에 가보면 아버지 고향 분들이 더러 있었다. 준이 전혀 모르는 아저씨들인데도 청파의 아들이냐? 며 손을 잡고 울기도 했다. 그들도 3.8 따라지 피난민들이라 고향 사람들이 그리운 것이다. 한때 KBS '이산가족찾기'에서 그리고 통일부의 남북이산가족 만남의 광장에서 얼마나 많은 피붙이들이 눈물을 흘렸던가.

북청이민회 사람들은 먼 발치에서 보기만 해도 서로들 눈물을 짤끔거린다. 이북에 있을 때는 바로 이웃에 같이 살면서 서성이던 한마을 사람들이다. 대개는 친척들이거나 초등학교 동창생들이거나 가까이 지내던 사람들이어서 이렇게 오랜만에 만나면 눈물부터 벌겋게 충혈되며 찔꺽거린다.

6.25 내전을 전후하면서 뜬금없이 북한에서 내려온 피난민들은 대개 고교생 정도인 1십 대 전후반 청소년들이었다. 전쟁이 금방 끝날 것이니까, 잠깐 피난 갔다오자고 내려온 것이 이제 70주년 칠순이 된 것이다. 이들 제1세대들이 이제 8십 전후가 되어서 노년의 죽음을 코 앞에 두고 있다.

그러나 이제 월남한 제1세대들은 거의 나이 8십을 넘겨 평생 고대하던 고향에 못 가보고 죽어가고 있다. 로또 복권마냥 대한적십자회의 추첨에서 당선된 사람이나 겨우 금강산 면회소에서 이북 고향의 가족들을 만나 눈물 한번 펑펑 쏟아내고는 다시 죽어가는 것이다.

아버지도 결국 북청에 가보지 못하고, 부모님과 자식들도 못 보고 1980년 11월 11일 한 많은 눈을 감으신 것이다. 북한 주민들도 마찬가지이다. 남쪽으로 월남한 아들 딸들을 남쪽을 바라보며 역시 빨래같이 피 말리며 기다리다가 가슴의 한으로 안고 죽어가는 것이다. 남북쪽이 다 '분단의 한'이다.

북청이민회 회원들은 고향 사투리를 한껏 듣는 것만으로도 즐거웠다. 이북내기들은 하늘이 찢어져라! 통쾌하게 떠든다. 이북 5도청 총회에 나가보면 북한 각 지역 사투리가 재미있다. 함경도 말은 경상도 말과 같이 억양이 거칠고. 평안도 사투리는 전라도 사투리와 같이 리듬이 부드럽다.

남북한이 사투리 억양으로 비슷하게 연결된다는 게 재미있다. 원래 한반도가 백두대간으로 연결된 게 아닌가. 호랑이가 포효하는 한반도의 모습이다. 동해안의 태백산맥 줄기는 고구려 기운으로 뻗어 있다. 서해안의 물줄기는 서해를 끌어안으며 백제시대 왕비의 치맛자락같이 길고 부드럽게 흘러내리고 있다.

태백산맥과 서해는 고구려인의 호쾌한 피와 백제인의 유려한 예술혼을 지금의 우리에게 그대로 전수하고 있는 것이다. 그 아래로 신라와 신라인의 화랑정신이 아직도 호국정신으로 이어지고 있는 것이다. 아니 앞으로도 영원히 '대한민국'은 1만 년 아시아의 재가치를 재창출해 나갈 것이다.

당시 일본은 중국을 거쳐 인도지나 반도까지 날름 집어 먹었다. 미국을 상대로 하와이 진주만 폭격까지 기획하는 등 승승장구하고 있었다. 1940년대 전후 일본은 그들의 국기마냥 전 세계를 한 덩어리 빨간 핏물로 싸악 잡아먹을 기세였다. 중국 북쪽으로는 동북 3성을 장악하여 길림성 장춘에 만주 총독부까지 세웠다.

1931년 만주철도를 폭파 조작하여 만주사변을 일으키고 청나라 마지막 황제 푸이를 강제로 폐위시켰다. 그 앞잡이로 푸이를 장춘에 끌고와 총독부에 앉히고 아편으로 장난질을 시켰다. 그리고 남쪽으로는 상해를 넘어 난징의 '난징대학살'까지 감행한 것이다. 그동안 마오쩌둥의 중국인민군과 김구 상해임시정부의 한국광복군 등이 북쪽에서부터 남쪽까지 처절하게 대항하고 있었던 시기였다.

1945년 광복이 되었다. 결국 기고만장하던 일본이 미국의 원자핵 폭탄 공격으로 무릎을 꿇었다 히로시마 등 핵 공격은 재래식 무기의 한계를 간단하게 보여주었다. 맥아더 장군은 일본 천황 항복을 받았다. 덕분에 한국을 비롯한 동남아시아 전역 인도차이나반도까지 일본의 강제 점령지역이 한꺼번에 해방이 되었다.

단 한 번의 핵 공격으로 20세기 중반 세계지도는 새롭게 재편된 것이다.

이북내기들의 단결력은 무섭다. 3.8 따라지들의 단결력은 일본인들을 뺨치고, 경제력은 유대인들을 능가하고, 인내력은 중국인들의 가슴보다 더 두꺼운 고래가죽 껍데기 같은 참을성이다. 아참, 또 빼놓을 수 없는 것은 교육력이다. '북청물장수'는 유명하다.

용기와 결단만이 성취할 수 있는 미래망이다. 이제 대한민국은 일본을 넘어서고, 영국과 독일을 이겼다. 피의 동맹국 미국과 유로 EURO와 합작하여 한 번 더 업 그레이드 해야한다. 준은 새로운 신약 '신바로'의 글로벌 표준화를 위해서 아마존 등과 MOU를 기획하고 있다. 세계 의학계의 반도체 쌀을 보급하는 것이다.

이제 2023년도에 들어서선 손주들 결혼 청첩장이 날아들고 7갑, 8갑 피로연을 하게 되었다며 쓸쓸하게 농담하기도 했다. 왜냐하면 부부가 나란히 앉아 족두리 입고, 비녀 꽂고 연지 찍고 하는 결혼식 때 못해본 것을 회갑 6갑식을 넘어 7갑 잔치 등을 해보기 때문이다.

1십 대 후반 사춘기 청소년들이 한 많은 삼팔선을 넘어 지금은 8십 세 전후가 되어 병원 침대에 누워 있어야 하는 시간들이다. 바로 코 앞의 휴전선을 놓고 벌써 70여 년이라니? 남한 땅에 내려와 주로 육체노동을 하는 밑바닥 인생이었으니 갈비뼈가 일찌감치 녹슬기 시작한 것이다. 의사이지만 아버지도 척추질환으로 약 6년간이나 고생했다.

준과 민은 아버지를 극진히 보살폈다. 그러나 당신 신광렬 아버님은 1980년 11월 11일 '긍휼지심' 유지를 남기고 78세에 이 땅을 떠났다. 평택 선산의 묘소 비석에는 청파 아버지가 직접 지으신 한시 비문도 있다.

준은 중국 정부와 한국 보훈부에 협의하여 신홍균 할아버지의 산소를 현충사로 모셔오려고 한다. 홍범도 장군 묘소이전과 같이 국가차원에서 기획하고 있다. 준은 이제 일어서면서 자기가 낸 시집 두 권을 국가보훈부 도서관에 기증했다.

준의 '맺고 풀고 하니 사랑이더라' '앉으랴 서랴 걸으랴' 그중 대표작 '아버지'를 제일 큰손주가 낭송했다. 준은 어머니를 닮아 여린 문학적 감성도 예민한 것 같다. 준이가 아버지 청파에게 드린 '헌시'이다.

+ 청파의 묘소 (신민식과 필자 참배)

아버지

아버지 너무 오랜만에 불러봅니다. 어릴 적 아버님은 항상 두려운 분이셨습니다. 유독 장난기 많은 나는 제가 맞을 회초리를 제 손으로 꺾고 오곤 했습니다. 한 대 두 대 회초리가 부러지면 다시 꺾어 오곤 했습니다 아버지는 모르시지만 어린 저에게도 요령이 있었거든요.

말라비틀어져 버린 죽은 나뭇가지만 꺾어다 들였거든요. 그런 회초리로 종아리를 맞으면 한 대만 맞아도 부러지곤 했거든요. 안쓰러웠던지 아무 말씀 안하시고 나를 업고 가게에 가셔서 사탕을 주셨습니다. 저는 그렇게 성장했습니다. 아버지의 엄한 손길로 저는 자라났습니다.
아버지 제가 어느덧 청년이 되어 모두에게 있는 인정받는 일을 했어도 아버지는 칭찬을 하지 않으셨습니다. 우쭐해서 교만해질까 봐 칭찬을 아끼셨습니다. 훗날 아버지의 친구들로부터 입에 침이 마르도록 나를 자랑하셨다는 이야기를 들었습니다.

아버지 아직도 미성숙한 저 자신을 돌아보며 아버지를 그리워합니다. 어렸을 적 좀 더 단단한 회초리를 손에 쥐어 들였더라면 나약한 제 마음을 강하게 만들어 주셨을 텐데 나의 어리석음으로 인하여 많은 사람이 가슴 아파 나를 위로해 주는 일은 없었을 텐데 아버지 이제 자식을 낳고 그 자식이 또 자식을 낳았습니다. 이제야 자식이 무엇인지 알겠습니다. 이제야 부모가 무엇인지 알겠습니다.

이제야 어린 시절 아버지의 진정한 사랑을 느끼겠습니다. 아버님은 겉으로 호령하시고 속으로 우셨습니다. 그러나 저는 겉으로 울고 속으로 분노하고 있습니다. 아직도 성장하지 못한 어린 소견이 저를 붙들고 있습니다. 아버지 그립습니다. 그리고 보고 싶습니다.

— 신준식 시집 『앉으랴, 서랴, 걸으랴』 : 2013년

'미래는 그냥 오지 않는다. 디자인을 하는 사람에게만 그의 미래가 온다!'

+ 청파의 자작시 : 한시 무운사율시

거울을 보니 어언 백발이 되었구나. 인간의 고락이 마치 가을의 서릿발 같구나 ~~ 한 많고 탄식의 소년기를 지냈네. 세상의 기쁘고 즐거움이 마치 봄 꿈과 같구나 ~~ 언제가는 월계관을 쓸 날이 있으리라 (역사에서 나의 일을 알아 주리라) ~~ 정도를 걸어서 능히 평화를 얻기를 원한다.

– 청파가 어리석은 붓을 들어 정성껏 쓴다

청파 신광렬 평전
달이즈믄 바람에

초판 인쇄 2023년 8월 1일
초판 발행 2023년 8월 7일

지은이 신상성
발행인 임수홍
기 획 김종대
편 집 맹신형
디자인 윤경숙

발행처 한국문학신문
주 소 서울 강동구 양재대로 114길 32, 2층
전 화 02-476-2757~8   **FAX** 02-475-2759
카 페 http://cafe.daum.net/lsh19577
E-mail kbmh11@hanmail.net

값 23,000원
ISBN 979-11-90703-75-8

· 저자와의 협약에 의해 인지는 생략합니다.
· 이 책의 글은 저작권법에 따라 보호를 받는 저작물이므로
  저자와 출판사의 동의 없이는 무단 전재 및 무단 복제를 금합니다.

· 참고 : 이 책의 사진 중 일부는 '글로벌 세계 대백과사전'에서 인용함

· 잘못된 책은 바꾸어드립니다.